Nur einer hat mich verstanden ...

Nur einer hat mich verstanden …

Philosophenanekdoten

Ausgewählt und aufgezeichnet
von Frank Schweizer

Philipp Reclam jun. Stuttgart

Satz und Druck: Reclam, Ditzingen
Buchbinderische Verarbeitung: Kösel, Krugzell
Printed in Germany 2006

ISBN-13: 978-3-15-010590-0
ISBN-10: 3-15-010590-0

www.reclam.de

1. Der Philosoph und sein Mitmensch

Wie die Leute die Philosophen belästigen,
wie sie mit ihren Freunden umgehen
und was sie von der guten Gesellschaft halten

Myson hatte die Angewohnheit, in der Einsamkeit laut zu lachen. Als er einmal dabei überrascht wurde, fragte man: »Warum lachst du in der Einsamkeit?« Darauf antwortete Myson: »Eben darum.«

Anarcharsis, der aus dem weit entfernten Skythenland stammte, klopfte bei Solon an die Tür und bat um seine Gastfreundschaft. »Geh heim«, befahl Solon, diesen fremdartigen Mann musternd, »die besten Freunde findet man zu Hause.« Anarcharsis lächelte: »Aber Solon, du bist zu Hause.« Verdutzt über die Antwort lächelte dann auch Solon.

Solon, bereits hochbetagt, leistete als einziger athenischer Bürger dem Tyrannen Pisistratos Widerstand. Wutschnaubend fragte der Tyrann den Philosophen: »Was gibt dir denn das Recht, als einziger gegen mich zu sein?« Solon entgegnete: »Das Alter.«

Ein Schüler des **Pythagoras** erwies sich als faul und lernunwillig. Der Philosoph überlegte, wie er seinen Schüler doch noch zum Lernen bewegen könnte. Schließlich versprach er ihm für jeden Lehrsatz, den er verstand, drei Obolenstücke. Jetzt war der Schüler natürlich hoch motiviert, sich das Geld zu verdienen. Er lernte und lernte, doch eines Tages sagte Pythagoras zu ihm, dass er jetzt kein Geld mehr habe und seine Taschen leer seien. Da aber der Schüler zwischenzeitlich so weit in die Materie vorgedrungen war und er unbedingt noch mehr wissen wollte, bot er wiederum dem Pythagoras drei Obolenstücke für jeden Lehrsatz, den er ihm beibringen würde. Und so kam das ganze Geld wieder in die Taschen des Meisters und das ganze Wissen in den Kopf des Schülers.

Einer der Grundsätze des pythagoreischen Philosophen **Archytas** war es, nie im Zorn zu handeln. Als er nach einer längeren Reise nach Hause kam, bemerkte er, dass seine Sklaven in seiner Abwesenheit keinen Finger krumm gemacht hatten. Darüber wurde er wütend und sagte: »Habt ihr ein Glück, dass ich gerade so wütend auf euch bin.«

Empedokles konnte wunderschön singen, so schön, dass er mit seinem Gesang einen Vater davon abhielt, seinen Sohn, der gestohlen hatte, zu verprügeln. Einst wurde Empedokles gefragt, warum er lebe. Er antwortete: »Damit ich die Sterne anblicken kann. Denn nimmst du mir den Himmel, werde ich nichts mehr sein.«

Euathlos, der Schüler des Sophisten und Redelehrers **Protagoras**, sollte diesem die Hälfte seines Honorars erst dann bezahlen, wenn er seinen ersten Prozess gewonnen hätte. Er führte aber keinen Prozess, bezahlte also nicht. Da sagte Protagoras: »Ich werde dich verklagen; gewinnst du diesen Prozess, so bezahlst du mich kraft unseres Vertrages; verlierst du ihn aber, so bezahlst du mich kraft des richterlichen Spruchs.« Euathlos antwortete keck: »Nein, nein: Gewinne ich den Prozess, dann muss ich nicht zahlen, gewinnst du ihn, habe ich nach unserer Abmachung keinen Prozess gewonnen, und muss ebenfalls nicht zahlen.«

Ein Schüler von **Sokrates** mit Namen Zopyrus vertrat die Auffassung, dass man vom Gesicht eines Menschen auf seine Seele schließen könne. Doch die anderen Schüler lachten ihn wegen seiner Meinung aus: War denn nicht Sokrates der tugendsamste Mensch, jedoch sehr hässlich? Aber Sokrates ermunterte Zopyrus: »Du hast mit deiner Meinung durchaus Recht, nur in meinem Falle hat die Vernunft das Gesicht bezwungen.«

Sokrates gab seinen Schülern oft den Rat, in den Spiegel zu schauen. Sollten sie ein schönes Gesicht haben, ermahnte er sie, mit ihren Taten diesem Gesicht zu entsprechen. Wenn sie aber hässlich wären, durch gutes Verhalten ihre Hässlichkeit zu bemänteln.

Antisthenes gab den Athenern den Rat, durch eine Abstimmung die Esel für Pferde zu erklären. Als sie dies blühenden Unsinn nannten, sprach er: »Bei euch kann man ja auch durch bloßes Handheben Feldherr werden.«

Als **Platon**, damals noch ein junger Mann, zur Verteidigung des angeklagten Sokrates eine Rede halten wollte, fing er sie mit den Worten an: »Ich bin der Jüngste, der die Rednerbühne betritt …«. Da johlte jemand aus dem Publikum: »Nein, du bist der Jüngste, der die Rednerbühne verlässt.« Platon schlich mit hochrotem Gesicht davon.

Als **Platon** mit seinen Schülern bei einer Seereise an einer unbekannten Küste ankern musste, versuchten sie herauszufinden, wo sie gelandet waren. Obwohl überall gepflegte Felder und Äcker waren, schaute sich Platon unsicher um. Erst als er in den Sand gezeichnete geometrische Figuren sah, rief er: »Aah, hier gibt's Menschen.«

Platon hatte für drei Bücher von Pythagoras hundert Minen gezahlt, was eine atemberaubend hohe Summe war. Sokrates' gesamtes Vermögen betrug nach dem Verkauf sämtlicher seiner Besitztümer fünf Minen. Für Platon bedeutete ein Pythagoras zwanzig Mal den Wert eines Sokrates.

Platon ärgerte sich über einen Fehler eines Sklaven. So wütend wurde er, dass der Philosoph ihm befahl, sich auszuziehen. Dann verprügelte er ihn eigenhändig. Plötzlich fiel ihm auf, was er tat. Er hatte die lang geübte Selbstkontrolle verloren. Platon erhob die Hand und stand da wie ein messerstechender Mörder. In dieser Position verharrte er stundenlang. Dabei rief er: »Ich vollende die Strafe für meine Wut.« Den Sklaven hatte er längst vergessen.

Zu einem äußerst mitteilsamen Schüler sagte **Xenokrates**: »Höre alles, sprich wenig. Denk daran, nicht umsonst hat der Mensch *zwei* Ohren, aber nur *einen* Mund.«

Ein Schwätzer hatte lange Zeit auf **Aristoteles** eingeredet und erkundigte sich schließlich: »Ich bin dir doch hoffentlich nicht mit meinem Gerede auf die Nerven gegangen?« – »Aber nicht doch«, gab der Gefragte zurück: »Ich habe dir überhaupt nicht zugehört.«

Als Athen von Feinden angegriffen wurde, ging **Demas**, Philosoph und Politiker, zur platonischen Akademie und rief: »Seid wachsam, dass euch nicht der Boden gestohlen wird, während ihr den Himmel bewacht!«

Theophrast, ein Aristoteliker und Gegner der Epikureer, pflegte seinen Schülern die Lehre von Epikur nicht zu erklären, sondern sie pantomimisch darzustellen: Er leckte sich nämlich mit der Zunge über die Lippen. Das musste als Erklärung ausreichen.

Mitten in einem Streitgespräch mit Krates rannte **Stilpon** weg, um Fisch zu kaufen. Dieser rief ihm verärgert hinterher. Stilpon schrie zurück: »Den Streit haben wir auch morgen noch, aber wenn ich mich nicht beeile, ist der ganze Fisch ausverkauft.«

Zu Besuch bei einem reichen, aber hässlichen Herrn, dessen Anwesen mit Gold und allerlei Ornamenten verziert war, spuckte **Diogenes** dem Hausherrn ins Gesicht. »Warum hast du das getan?«, fragte der wütend. Diogenes antwortete: »Das war das einzige, was ich sah, das billig genug war, es anzuspucken.«

Als **Diogenes** einmal Olympia besuchte, fielen ihm viele junge Männer aus Rhodos auf, die prächtig und teuer gekleidet waren. »Das ist Eitelkeit«, sagte er. Etwas später sah er einige Spartaner in billigen, schmutzigen Umhängen und kommentierte: »Noch eine Form der Eitelkeit.«

Auf dem Marktplatz rief **Diogenes**: »Hört, ihr Menschen.« Als sich alle umdrehten, sagte er: »Ich sagte Menschen, nicht Dummköpfe.«

Ein Sklave ließ über der Haustür seines reichen Herrn die Schrift anbringen: »Nichts Böses kommt hier herein«, worauf **Diogenes** den Sklaven fragte: »Das ist nicht gut, wie soll denn dein Hausherr jetzt hineinkommen?«

Auf dem Marktplatz bettelte **Diogenes** einen reichen Mann an. Der Reiche meinte: »Damit ich dir Geld gebe, müsstest du mich überreden.« Diogenes kaltschnäuzig: »Wenn ich dich zu etwas überreden könnte, würde ich dich dazu überreden, dich aufzuhängen.«

Zu einem Glatzkopf, der ihn ständig beschimpfte, sagte **Diogenes**: »Ich will dich nicht beleidigen, aber ich gratuliere deinem Haar, dass es einem solchen Kopf entflohen ist.«

Der Sohn einer öffentlich bekannten Prostituierten wurde auf dem Marktplatz beschimpft. Dieser nahm wütend einen Stein und warf ihn in die Menge. **Diogenes**, der daneben stand, rief: »Sieh dich vor, damit du nicht deinen Vater triffst.«

Auf dem Marktplatz begann **Diogenes** von der Tugend zu sprechen, aber niemand wollte ihm zuhören. Da begann er wie ein Vogel zu pfeifen. Viele drehten sich um, und schließlich versammelte sich ein Kreis von Leuten um den Philosophen. »Einfältiges Volk, nutzloses Gepfeife wollt ihr hören, aber die Worte der Tugend nicht!«

Alexander der Große stieß den schlafenden **Diogenes** mit dem Fuß an: »Steh auf, ich habe gerade deine Stadt erobert!«, worauf Diogenes ungehalten entgegnete: »Dass du eine Stadt eroberst wie ein König, deswegen mache ich dir keinen Vorwurf, dass du aber ausschlägst wie ein Esel, dafür schon.«

Als **Diogenes** einen Dummkopf sah, der sich auf einem Stein ausruhte, sprach er: »Schaut her, ein Stein sitzt auf einem Stein!«

Als Schüler der Philosophie traf sich Aulus Gellius oft mit seinen Mitstudenten in der Bäderanstalt. Während sie dort nackt zusammen saßen, vertrieben sie sich die Zeit mit Syllogismen, d.h. mit logischen Problemen, die sie sich gegenseitig stellten. Wer eins davon nicht lösen konnte, musste ein Goldstück Strafe zahlen. Ein solcher Syllogismus war beispielsweise: »Schnee ist, was Hagel nicht ist. Schnee ist weiß, also ist Hagel nicht weiß.«

Ein ähnliches Problem wurde auch **Diogenes** von einem Platon-Anhänger gestellt: »Diogenes, du bist doch nicht ich.« – »Stimmt.« – »Ich aber bin ein Mann, also bist du keiner.« Diogenes gab zurück: »Das ist so falsch. Wenn du willst, dass es richtig wird, sage dasselbe noch mal, aber fange mit mir an.«

Sollten wir nicht alle positiv denken? **Diogenes** erklärte auch, wie das geht: »Positiv denken ist, wenn du einen Stein auf einen Hund wirfst, stattdessen deine Schwiegermutter triffst und sagst: Gar nicht so schlecht.«

Von **Diogenes** kann man lernen, wie viel »Unheil« man mit einem Hering anrichten kann. Der berühmte Redner Anaximenes war gerade so richtig in Fahrt und seine Stimme schraubte sich voluminös zu ungeahnten Klanghöhen hoch, da hielt Diogenes, der im Publikum saß, einen Hering hoch. Anaximenes kam ins Stocken und wusste nicht weiter. Wütend attackierte er nach der Rede Diogenes, aber dieser gab zurück: »So, so, ein harmloser Hering hat deine Erörterung stören können.«

Als ein Kyniker zu **Zenon von Kition** kam und um etwas Öl für seine Flasche bat, schlug ihm dies Zenon ab. Im Gehen sagte Zenon noch: »Überlege, wer von uns beiden der Unverschämtere ist!«

Ein noch junger Mann nervte **Zenon** mit unendlich vielen Fragen. Da ließ er einen Spiegel bringen und den Jungen hineinsehen. Dabei fragte er: »Sollte ein solches Gesicht so viele Fragen stellen?«

Pyrrhon gehörte zu den Zerstreuten. Beispielsweise merkte er nicht, wenn sich ein Gesprächspartner, während er redete, entfernte. Etwas heikler wurde es dann schon, als einer, der mit ihm umherspazierte, in einen Sumpf trat und jämmerlich versank. Pyrrhon lief unbeirrt weiter.

Als **Cicero** ein neues Gesetz über die Landverteilung vorschlug, trat ihm Lucius Gellius energisch mit der Bemerkung entgegen, das Gesetz würde, solange er lebe, niemals den Senat passieren. Cicero gab nach: »Verschieben wir das Gesetz, da ja Lucius Gellius nur um einen kurzen Aufschub bittet.«

Epiktet humpelte sein Leben lang. Bevor ihm seine Freiheit geschenkt wurde, diente er als Sklave bei Epaphroditos. Dieser wurde eines Tages so wütend, dass er Epiktet das Bein verdrehte. »Du wirst es mir brechen«, sagte Epiktet; und als es dann gebrochen war, kommentierte er gleichgültig: »Ich habe es dir ja gesagt, dass du es mir brechen wirst.«

Bei seiner Ausreise aus Persien wurde **Apollonius von Tyana** gefragt, ob er etwas aus dem Land mitnähme. Er sagte: »Ja, Tugend, Gerechtigkeit und Mäßigung.« Der Beamte überlegte eine Weile, gab ihm dann ein Formular und fügte hinzu, dass alle weiblichen Sklavinnen hierauf unbedingt zu vermerken seien. Der

Philosoph aber lächelte: »Mein guter Mann, das sind keine Sklavinnen, das sind Herrinnen.«

Kaiser Vespasian ließ alle Philosophen aus Rom vertreiben. **Demetrius**, der kynische Philosoph, welcher so bettelarm wie ein Hund auf der Straße lebte, sollte sogar auf eine Insel verbannt werden. Aber der Philosoph weigerte sich und zog lautstark über den Kaiser her. Vespasian ließ ihm mitteilen: »Du tust alles, dass ich dich töte, ich aber bringe einen bellenden Hund nicht um.«

Seneca war dagegen, dass man das ganze Leben nur dem Studium von Büchern widmen sollte, wie es sein Freund Vatia tat. Als er eines Tages an dessen Villa vorbeikam, sagte er: »Hier liegt Vatia begraben.«

Die Kriege des Kaisers und Philosophen **Marc Aurel** fanden im Norden statt. Dort war es selbst für die abgehärteten Römer im Winter unerträglich kalt. Bei der Befragung einer seiner Späher schlotterte dieser und klapperte mit den Zähnen: »Vor Kälte kann ich dir nicht Bescheid geben; lass mir also, wenn du was erfahren willst, ein Mäntelchen reichen, wenn du derlei hast.« Der Kaiser hatte.

Einer der Kirchenväter, **Polycarp**, der noch die Apostel selbst gekannt haben soll, ging nach Rom, um so viele Menschen wie möglich zum Christentum zu bekehren. Dort traf er zufällig auf Marcion, Führer einer verfeindeten religiösen Sekte. Dieser fragte: »Kennst du mich, Polycarp?« Jener antwortete: »Aber selbstverständlich erkenne ich den Erstgeborenen des Teufels!«

Cyprian, ein einflussreicher Denker der Patristik, hatte die Angewohnheit, jeden Tag in den Schriften des christlichen Philosophen Tertullian zu lesen. Vor seiner allabendlichen Lektüre sagte er zum Diener: »Gib mir meinen Meister.«

Als **Augustinus** von einem seiner Schüler mit Fragen gelöchert wurde, wie das Universum entstanden sei und woher der Mensch stamme, erzählte er ihm diese Anekdote: Ein Mann fiel in einen Brunnen. Der Brunnen war tief, aber genug mit Wasser gefüllt, um den Sturz abzufangen. Ein anderer Mann kam vorbei und schaute hinunter: »Wie bist du hier hinein gekommen?« – »Das ist doch egal, überlege lieber, wie ich wieder hier herauskomme.«

»Was hat denn Gott gemacht, bevor er das Universum geschaffen hat?«, wollte ein Schüler von **Augustinus** wissen. »Er hat die Hölle für Leute geschaffen, die solche Fragen stellen«, antwortete der Philosoph.

Mit **Augustinus'** bischöflicher Sittenstrenge konnten sich viele nicht anfreunden. Ein Pfarrer hatte mit zwei Nonnen geschlafen. Als jener von dem Philosophen kritisiert wurde, wechselte der Geistliche einfach zu den Donatisten über. Nachdem Augustinus diese Sekte heftig dafür angriff, dass sie einen Sünder reuelos aufgenommen hatten, antworteten deren Mitglieder: »Wir diskutieren nicht, wir taufen.«

Johannes Eriugena wurde an den Hof von Karl dem Kahlen gerufen. Dieser war etwas enttäuscht von dem Philosophen, der klein gewachsen und mit schäbiger Kleidung vor ihm stand. »Du bist der Typ von Mensch, der Gänse mit ›Buh‹ erschreckt«, sagte der König abfällig. Johannes schaute ihn von oben bis unten an und sagte dann: »Buh.« Da musste der König lachen und beide wurden Freunde.

Unter den zahlreichen Schülern von Albertus Magnus befand sich einer, der scheinbar hinter allen zurückgeblieben war. Er war dickleibig, um nicht zu sagen fett, und sprach fast nie ein Wort: Es war **Thomas von Aquin**. Seine Mitstudenten gaben ihm den nicht gerade besonders schmeichelhaften Namen »Der stumme Ochse«. Als Albertus dies zu Ohren kam, ermahnte er die Studenten in der Vorlesung: »Heute nennt ihr ihn einen stummen Ochsen, aber schon morgen wird die Welt sein Geblöke hören.«

Während **Thomas von Aquin**, noch bei Albertus Magnus studierte, öffnete er einmal das Fenster des Vorlesungsraumes und lehnte sich hinaus. Von unten kam plötzlich ein Ruf: »Oh, ein fliegender Ochse« – helles Gelächter. Mit den Worten: »Wenigstens bin ich nicht so dumm zu glauben, dass ein Ochse fliegen kann«, knallte er beleidigt das Fenster zu.

Thomas von Aquin war einmal von einem mächtigen Fürsten zum Essen eingeladen worden. Dieser scheute weder Kosten noch Mühen. Die teuersten Speisen wurden aufgetragen. Doch Thomas aß nur wenig. Er war geistesabwesend und mundfaul. Kurz bevor der Nachtisch serviert wurde, sprang Thomas plötzlich auf, schlug mit beiden Fäusten kräftig auf den Tisch, dass die Teller schepperten, und rief triumphierend: »Das wird ihn erledigen!« Kein Wunder, hatte er doch endlich das entscheidende Argument gegen seinen Gegner, Gerhard von Abbeville, gefunden.

Ein Mönch, der zu Gast im Kloster war, in dem auch **Thomas von Aquin** lebte, bat den Abt um Erlaubnis, in die Stadt einkaufen gehen zu dürfen. Er erhielt die Genehmigung und die Aufforderung, den erstbesten Mönch, dem er begegnete, mitzunehmen. Im Garten traf er den betenden Thomas von Aquin, und ohne zu wissen, um wen es sich handelte, sagte er zu ihm: »Dein Abt sagt, komm mit.« Der Philosoph fügte sich.

Der Mönch war noch jung und lief schnell, so dass Thomas beinahe nicht Schritt halten konnte. In der Stadt erkannten die Bürger den Philosophen und verstanden nicht, dass Thomas von Aquin laut schnaufend hinter so einem Frischling herlief. Als der junge Mönch darauf hingewiesen wurde, wen er da im Schlepptau habe, drehte er sich um und entschuldigte sich kleinlaut. Thomas von Aquin sagte lächelnd: »Gehorsam ist alles.«

Bei seiner Italienreise im Jahre 1580 nahm **Montaigne** eine frisch gedruckte Erstausgabe seiner *Essais* mit, um sie dem Vatikan zur Durchsicht zu geben. Die Priester dort lasen das Werk genau, monierten aber nur, dass das Wort »Zufall« so häufig vorkomme, was sich nicht mit der christlichen Weltordnung vertrage. In der zweiten Ausgabe war das Wort »Zufall« dann um vieles häufiger vorhanden.

Der Schock der Europäer, im neu entdeckten Amerika auf Wilde, ja Kannibalen zu treffen, war groß. Wie kann es in einer von Gott gemachten Welt so befremdliche Menschen geben? Darüber schrieb **Montaigne** in seinen *Essais*. 1562 reiste er in seiner Funktion als Parlamentsrat mit dem königlichen Heere nach Rouen, wo er die Eroberung der Stadt, die im Besitz der Hugenotten war, miterlebte. Unter den Kämpfenden befand sich auch ein brasilianischer Häuptling. Dieser Brasilianer wunderte sich, dass erwachsene Männer einem Kind gehorchten (König Karl IX. war damals erst

12 Jahre alt). Ebenso verstand er nicht, dass es in Europa Menschen gibt, die im Überfluss leben, während andere in Hunger und Armut darben.

Descartes war durchaus fähig, sich zu verteidigen. Als er einmal in Hamburg ein Schiff bestieg, schmiedeten die Matrosen Mordpläne gegen ihn. Da sie dachten, der Franzose Descartes würde kein Deutsch verstehen, unterhielten sie sich ganz ungezwungen darüber, wie man ihm am besten die Gurgel durchschneiden könnte. Pech war nur, dass Descartes ihre Sprache gut beherrschte und jedes Wort verstand. Er zog sein Schwert und sagte in gutem Deutsch zu den blass werdenden Matrosen: »Ihr bringt mich jetzt an Land zurück oder ich schlage euch die Köpfe ab!«

Blaise Pascal war für seine Großzügigkeit Armen gegenüber bekannt. Als aber ein Bedürftiger eine große Summe forderte, wurde der Philosoph zornig und spöttelte: »Eine Sache ist mir aufgefallen: Noch nie ist ein Armer gestorben, ohne etwas zu hinterlassen.«

Pascal sagte oft: »Wenn die Menschen wüssten, was sie hinter dem Rücken übereinander sagen, gäbe es keine vier Freunde auf Erden.«

Leibniz erzählte, dass ein Bekannter von **Spinoza** wegen seiner politischen Gesinnung von einem Mob gestellt und in kleine Stücke zerfetzt wurde. Als der Philosoph das erfuhr, weinte er bitterlich. Er plante, in seiner Nachbarschaft Plakate mit der Aufschrift »Ihr seid die ultimativen Barbaren!« aufzuhängen. Sein Vermieter sperrte Spinoza in seinem Zimmer ein, um zu verhindern, dass auch er dem Mob in die Hände fiel.

Als **John Locke** zu Gast beim Herzog von Buckingham war, setzte sich der Herzog zusammen mit Lord Halifax und Lord Ashley zum Kartenspiel hin. Der Philosoph nahm sein Notizbuch, schob seinen Stuhl daneben und begann, eifrig zu schreiben. »Was schreiben Sie denn da?«, fragte Halifax. »Da ich in der Gesellschaft von solch drei illustren Herren bin, versuche ich, ein besserer Mensch zu werden. Um das zu erreichen, möchte ich mir gern die Konversation notieren«, erklärte Locke ernst. Die drei Herren merkten Lockes Spott und legten lächelnd die Karten beiseite.

Seinen Eindruck über das religiöse Leben in England schilderte **Montesquieu** so: »Es gibt kaum Religion in England. Wenn jemand über Religion spricht, müssen alle lachen.«

Rousseau trat zum Katholizismus über. Dafür musste er zuerst einigen Unterricht über sich ergehen lassen. Über seine frommen Mitschüler urteilte er: »Die Männer waren Spitzbuben, die Frauen die größten Schlampen.«

Rousseau hörte, dass eine Sammlung gemacht wurde, um seinem Erzfeind Voltaire eine Statue zu errichten. Er schickte zwei Goldstücke. Als Voltaire davon erfuhr, wurde er zornig. Er konnte es nicht ertragen, dass sein Feind Anteil an seinem Ruhm hatte.

Jemand schilderte alle Laster **Voltaires**, worauf man ihm antwortete: »Er hat aber sehr viel Geist.« – »Ja, ja, noch ein Laster mehr.«

Voltaire vermeldete dem König, er habe ein neues Stück geschrieben, wie es der König noch nie gesehen habe. Neugierig besuchte der König die Aufführung. Hinterher sagte der König zu Voltaire: »Ich habe auch etwas, was Sie noch nie gesehen haben.« – »Was denn, Eure Majestät?«, fragte Voltaire. »Die Bastille.«

Zwar saß **Voltaire** in seiner Zelle in der Bastille, aber trotzdem vermutete die Obrigkeit, er würde dort an einem verbotenen Werk arbeiten. Als die Polizeischergen in die Zelle eingetreten waren, fragten sie Voltaire: »Wo haben Sie denn nun die Papiere versteckt?« Es gab keine Papiere, aber Voltaire antwortete: »Im Abort.«

Voltaire verbrachte über ein Jahr in der Bastille, weil er ein anstößiges Stück geschrieben hatte. Schließlich bat er den König um seine Freilassung: »Euer Gnaden, ich finde es äußerst freundlich, dass sich Ihre Majestät so rührend um meine Verpflegung kümmert, aber ich würde es begrüßen, wenn sich Eure Hoheit nicht weiter um meine Unterkunft sorgen würde.«

Während einer öffentlichen Dichterlesung von **Voltaire** sprang der Dichter Gresset, der im Publikum saß, auf und rief: »Dieser Vers stammt von mir, dieser Vers stammt von mir.« Da sich Gresset gar nicht beruhigen wollte, trat der Abbé de Voisenon an Voltaire heran: »Geben Sie ihm einfach seinen Vers zurück, dann soll er sich damit entfernen.«

Jemand, der mit Voltaire diskutierte, verlor wütend die Fassung. **Voltaire** sagte kühl: »Es genügt nicht zu schreien, man muss auch Unrecht haben.«

Bei seiner Englandreise besuchte **Voltaire** den Dichter Pope. Dieser sagte ihm, dass er nichts weiter als ein einfacher Mann sei, woraufhin Voltaire erwiderte: »Wenn Sie nur ein einfacher Mann wären, würde sie ein Voltaire nicht besuchen!«

Als **Voltaire** durch die Straßen von London spazierte, erregte sein ungewohnter Kleidungsstil die Aufmerksamkeit der Bürger. Nach einiger Zeit folgte ihm eine Menschenmasse, die den seltsamen Philosophen begutachtete. Schließlich drehte sich Voltaire um und sagte:

»Liebe Engländer, was soll das? Bin ich nicht bestraft genug, dass ich in eurem Land bin?«

In einem Stück porträtierte **Voltaire** in einer Figur einen gewissen Fréron, einen Mann von niederem Charakter. Bei der Premiere saß Voltaire ausgerechnet neben Frau Fréron, die während des Stückes immer bleicher wurde. Voltaire sagte zu ihr: »Bleiben Sie ruhig, Madame, ich meine mit dem Stück gar nicht ihren Mann. Er ist doch kein Fälscher, Schuft und Denunziant.« Naiv sagte die Frau: »Ach, Monsieur Voltaire, das sagt sich leicht, jeder wird ihn erkennen.«

Als **Voltaire** seinen Feind Fréron eines Tages wieder traf, freute er sich. Verwundert fragten seine Freunde, warum er sich so freue, einen alten Gegner zu sehen. Darauf Voltaire: »Gelegentlich brauche ich etwas Wut, und dieses Gesicht verhilft mir jedes Mal dazu.«

Der Dichter Haller lästerte stets über **Voltaire**, während Voltaire über ihn immer nur Gutes sagte. Ein Freund fragte Voltaire: »Wie können Sie nur über Haller so positiv sprechen, während er nur Schlechtes über sie sagt?« Darauf Voltaire: »Das liegt vielleicht daran, dass wir uns beide irren.«

Voltaire wurde oft von unangemeldetem Besuch gestört. Besonders beharrlich war eine Gruppe Engländer: »Sag ihnen, ich wäre krank«, befahl er dem Diener. Nach einer Weile kam der Diener zurück: »Sie möchten gern den Kranken sehen.« Daraufhin Voltaire: »Sag ihnen, ich wäre tot.« Der Diener aber meldete: »Sie wollen den Leichnam sehen.« Voltaire donnerte: »Sag ihnen, der Teufel hat mich geholt.« Der Diener: »Sie sagen: Gerade den Teufel zu sehen, sind sie ja gekommen.«

David Hume hatte im Alter mehr als 1000 Pfund jährliches Einkommen durch seine Bücher. Er wurde von Freunden gebeten, nun endlich sein Buch *Die Geschichte Englands* fertigzustellen. Jener sagte: »Meine Herrn, dafür bin ich zu alt, zu faul, zu fett und viel zu reich.«

Hume betonte immer: »Ich habe keine Feinde, außer alle Whigs, die Tories und sämtliche Christen.«

Als **Hume** nach Frankreich reiste, wurde er triumphal empfangen. Er war populär genug, um an den französischen Hof eingeladen zu werden. »Es gab die merkwürdigste Szene«, schrieb Hume in einem Brief, »der Duc de Berry trat an mich heran. Er war ein Knabe von zehn Jahren. Er sagte mir, wie sehr man mich in Frankreich erwartet habe. Dann kam der Graf de Provence auf mich zu, der sogar noch zwei Jahre jünger war und erzählte mir, wie sehr er mein Werk schätze. Er wolle gerne später über einige Paragraphen diskutieren. Schließlich wurde ich zum Graf d'Artois [später Charles X.], einem Vierjährigen, geführt, dessen genaue Worte ich vergessen habe, aber der mich auch unendlich lobte.«

Samuel Rogers sprach einmal in Gegenwart von **Adam Smith** von einem klugen, aber oberflächlichen Autor als einem »neuen Voltaire«. Da schlug Smith mit der Faust auf die Tischplatte und rief: »Es gibt nur einen Voltaire!«

Immanuel Kant glaubte zwar an Gott, aber das religiöse »Drumherum« war ihm stets suspekt. Im Jahre 1764 kam ein Mann nach Königsberg, der sich als ein Mann Gottes ausgab. Er war nur mit »ein paar Bibelzitaten« bekleidet und führte eine Herde von 14 Kühen, 20 Schafen und 46 Ziegen mit sich. Die Leute gaben ihm den Namen »Ziegenprophet«, weil er glaubte, Jesus sei ihm bereits zwanzig Mal erschienen. Jeden, der mit ihm sprach, wollte der Ziegenprophet zur religiösen Umkehr bewegen. Auch Kant beobachtete den Mann Tag für Tag mit großer Neugier – und verfasste schließlich seinen *Versuch über die Krankheiten des Kopfes.*

Schelling erklärte einem seiner Schüler: »Bacon und Newton sind böse Denker, deren Ziel es war, die Philosophie zu zerstören.« Dann nach einer Pause: »Nicht schlecht, wenn man soviel Unheil anrichten kann.«

Ein Engländer schenkte dem Philosophen **Schelling** einen Ring mit einer darauf abgebildeten Schlange. Schelling fragte nach: »Ist die Schlange das Symbol der englischen Philosophie?« – »Oh nein, die Engländer halten sie für das Zeichen der deutschen Philosophie, weil sie wie die deutsche Philosophie ihre Haut jedes Jahr abwirft.« Schelling darauf: »Ein weiterer Beweis dafür, dass die Engländer nur aufs Äußere achten.«

Napoleon bombardierte in der Nacht zum 13. Oktober 1806 die Stadt Jena, die sich am nächsten Morgen ergab. **Hegel** sah dem Einmarsch der französischen Truppen zu und kommentierte naiv: »Ich habe den Kaiser – die Weltseele – in unsere Stadt reiten sehen.«

Hegel war der Ansicht, dass es genau sechs Planeten geben muss, keinen mehr und keinen weniger. Als dann der siebente Planet doch noch entdeckt wurde, aber Hegel auf seine sechs bestand, wagte einer seiner Assistenten ihm gegenüber zu äußern: »Aber Herr Professor, das widerspricht doch den Tatsachen!« Darauf Hegel, bissig: »Um so schlimmer für die Tatsachen!«

Ein junge Frau sagte im Beisein anderer Frauen über **Hegel**: »Ich habe noch nie ein bedeutendes Wort aus seinem Mund gehört.« Zelter kommentierte: »Das ist wohl möglich, denn es ist eigentlich Hegels Metier, mit Männern zu reden.«

Goethe, der **Fichte** immer sehr schätzte, bemerkte über dessen Art, Philosophie zu betreiben: »Er philosophiert so, als ob die Welt sein privater Besitz wäre.«

Der Vater von **Arthur Schopenhauer** stürzte in Danzig von einem Speicher in den Kanal und kam dabei zu Tode. Nicht nur der junge Philosoph nahm dies als Befreiung von einer ungeliebten Kaufmannskarriere auf. Auch die Mutter Johanna ging wie erlöst ihren schriftstellerischen Ambitionen nach, als ob es den Vater nie gegeben hätte. Das erboste Arthur so sehr, dass er mit seiner Mutter brach. Er schrie sie an: »Ich und du sind zwei.«

Als Schopenhauers erstes Buch *Die vierfache Wurzel vom zureichenden Grunde* dann erschien, überreichte er es der Mutter: »Man wird es noch lesen, wenn von deinen Schriften kaum mehr ein Exemplar in der Rumpelkammer stehen wird.« Sie antwortete: »Von den deinigen wird die ganze Auflage noch zu haben sein.«

Im fortgeschrittenen Alter las **Auguste Comte** nur noch das, was er selbst geschrieben hatte. »Das ist eine Form von Gehirnhygiene«, erklärte er.

Karl Marx war oft völlig undiszipliniert, trank viel und zog nachts durch die Gassen. Eines Nachts kam es ihm in betrunkenem Zustand in den Sinn, in der Tottenham Court Road in London die Straßenlaternen mit Steinen zu bewerfen. Die Polizei tauchte auf und Marx musste flüchten. Schon zur Studienzeit hatte die Mutter geseufzt: »Wenn Karl nur wüsste, wie wichtig Kapital ist ...«

1867 war **Marx** vier Wochen in Hannover zu Gast beim Arzt Dr. Ludwig Kungelmann. Während dieses Aufenthalts überarbeitete er die letzten Druckbögen des 1. Bandes des *Kapitals*, verbrachte aber die meiste Zeit mit Tischgesprächen, die sich im Allgemeinen um Literatur, Kunst, Musik drehten. Fragen zu seiner politischen Einstellung blockte Marx konsequent ab. Einmal jedoch konnte er sich den bohrenden Fragen nicht entziehen. Ein besonders nervtötender Herr fragte, wer denn eigentlich im Sozialismus die Stiefel putzen solle. Marx antwortete lächelnd: »Das sollen Sie tun!«

Zu **Sören Kierkegaards** Schulzeit gehörte er einer besonders undisziplinierten Klasse an. Während des Unterrichts wurde gesprochen, gefrühstückt, und die Schüler warfen mit Papier. Der Lehrer drohte: »Ich melde euer Verhalten dem Rektor.« Kierkegaard blieb ungerührt: »Das sollten Sie tun und auch melden, dass wir uns immer bei Ihnen so verhalten.«

Nach einem Kirchenbesuch notierte **Kierkegaard** entgeistert: »In der palastartigen Stadtkirche trat ein Stadtpfarrer vor die Gemeinde, die aus der betuchten Elite wohlgekleideter und gesitteter Bürger bestand, und sprach: ›Gott erwählt die Armen und Verfolgten ...‹ – aber keiner lachte!«

In einem Gespräch fragte der dänische König Christian VIII. **Kierkegaard**, was es brauche, um ein guter König zu sein. Kierkegaard antwortete: »Zuerst wäre es für einen König gut, hässlich zu sein.« (Der König war schön). »Dann sollte er taub und blind sein, oder wenigstens so tun. Denn nur so lassen sich viele Schwierigkeiten vermeiden.«

Kierkegaard bemerkte: »Wenn das Leben ein Schauspiel ist, dann möchte ich gern ein Wörtchen mit dem Regisseur sprechen.«

William James äußerte einmal über seine Zeitgenossen: »Viele meiner Mitmenschen glauben, sie denken. In Wirklichkeit ordnen sie nur ihre Vorurteile neu.«

An der Universität Heidelberg lehrte **Kuno Fischer**, einer der letzten überzeugenden Vertreter des Neukantianismus. Als einmal der berühmte Chemiker Bunsen in einer Fakultätssitzung das Wort ergriff, drehte sich Fischer zu seinem Nachbarn um: »Was sagte der Apotheker?«

Gadamer erinnerte sich an den Philosophieprofessor **Paul Natorp**: »Er war von monumentaler Unscheinbarkeit, ein wunderbarer Schweiger. In seiner Gegenwart fiel einem, wenn man nichts zu sagen hatte, auch nichts ein.«

Als Edmund Husserl seinen Lehrer der Philosophie, **Franz Brentano**, besuchte, sah er vor dessen Haus mehrere mit Lehm verschmierte Maurer mit offenem Hemd und Arbeitskelle stehen. Auf den zweiten Blick erkannte der überraschte Husserl einen der Arbeiter: Es war Brentano, der zur Renovierung seines Hauses selbst Hand angelegt hatte. Kurze Zeit später waren beide im philosophischen Gespräch, Brentano immer noch in diesem Aufzug.

Paul Deussen saß als Schüler bei der Schulspeisung. Er aß gerade eine Teigware, die man in der Schule als »Näckchen« bezeichnete. Dann ging die Tür auf, ein neuer Schüler, **Friedrich Nietzsche**, kam herein. Er schaute sich um, ging dann auf den ruhig kauenden Deussen zu und sagte zackig: »Sprechen Sie nicht so laut mit ihrem Näckchen!« Verdutzt bot er ihm den Platz neben sich an.

Malwida von Meysenburg besuchte eine Probe einer Wagneroper. Plötzlich kam ihre Bekannte, Cosima Wagner, mit einem jungen Mann an, den sie als den Philosophen **Nietzsche** vorstellte. »Was, das ist der

Nietzsche!«, entfuhr es Malwida von Meysenburg. »Ja, das ist der Nietzsche!«, sagte Cosima Wagner und beide lachten, während der Philosoph errötend zu Boden schaute.

Als **Nietzsche** im Alter von knapp 25 Jahren zum Professor ernannt wurde, erhielt er von allen seinen Freunden Glückwunschkarten. Nur Paul Deussen ließ seinen Neid etwas durchscheinen. Ein Fehler! Nietzsche antwortete: »Werter Freund, wenn nicht etwa zufällige Störungen des Kopfes deinen letzten Brief verschuldet haben, so muss ich bitten, unsere Beziehungen hiermit als abgeschlossen zu betrachten.«

Nietzsche besuchte den bekannten Schweizer Dichter Gottfried Keller. Robert Freund, der mit beiden bekannt war, berichtete Folgendes über den Besuch: »Nachdem das Treffen stattgefunden hatte, ging ich am Nachmittag mit Nietzsche spazieren und fragte ihn, wie es bei Keller gewesen sei. Es sei sehr schön gewesen, erklärte Nietzsche, nur entsetze ihn das fürchterliche Deutsch, das Keller spreche, und die schwerfällige Art, mit der sich der große Schriftsteller mündlich ausdrücke. Am nächsten Sonntag fragte ich dann Keller, ob Herr Nietzsche ihn besucht habe. Keller bejahte und fügte hinzu: ›Isch glaub, dä Kerl ischt verruckt.‹«

Der Kölner Philosophie-Professor **Max Scheler** empfing seinen Marburger Kollegen Nicolai Hartmann mit den Worten: »Mein Genie und ihr Sitzfleisch – das gäbe einen Philosophen.«

Max Scheler musste oft das gleiche Buch mehrmals kaufen. Kollegen an der Universität konnte es nämlich passieren – wenn sie ihn arglos fragten, was er gerade so interessiert lese –, dass Scheler ganze Bögen aus dem Buch riss und dem Überrumpelten in die Hand drückte. So wollte er sicherstellen, dass sich gute Gedanken auch verbreiteten. Er musste sieben Mal Kants *Kritik der reinen Vernunft* kaufen, weil er alle auseinandergerissen hatte.

Max Scheler wurde gefragt, ob der Mensch nicht etwas sehr besonderes im Kosmos wäre. Höhnisch gab Scheler zurück: »Das ist Anmaßung. Ebenso selbstgefällig könnte eine Ameise auf die Idee kommen, die Lebewesen der Erde in Pflanzen, Tiere und Ameisen zu unterteilen.«

Gottlob Frege, der Philosoph und Logiker, und sein Freund beobachteten Schachspieler. Der Freund fragte Frege schließlich, ob er Schachspieler nicht bewundere. Frege belehrte ihn sogleich: »Schachspieler leisten wohl Denkarbeit, haben aber keine Gedanken, sie sind gedankenlose Denker!«

Wittgenstein redete während seines Besuchs bei **Frege** in Brunshaupten auf ihn ein, seine Anschauungen über das Wesen der Zahlen fallen zu lassen. Als Ludwig Wittgenstein ihn bei seiner Abreise fragte, ob er denn immer noch an seinem philosophischen Dogma festhalte, dass Zahlen Gegenstände seien, antwortete Frege: »Manchmal ja, manchmal nein.«

Karl Jaspers beklagte, dass er einmal wie ein Schüler behandelt wurde, als er **Edmund Husserl** 1913 besuchte. Bei dieser Gelegenheit fragte Jaspers schließlich verdrießlich, was Husserls Phänomenologie eigentlich genau sei. Dieser erklärte herablassend: »Sie treiben bereits Phänomenologie in Ihren Büchern. Sie brauchen nicht zu wissen, was die Phänomenologie ist, wenn Sie sie bereits anwenden.«

Der junge Gadamer, der zum ersten Mal ein Seminar von **Husserl** besuchte, stellte recht unbefangen eine Frage, worauf Husserl eine eineinhalbstündige Antwort gab – ohne Punkt und Komma. Am Ende der Sitzung wandte er sich beim Hinausgehen an seinen Assistenten Heidegger mit den Worten: »Heute war es doch einmal wirklich eine anregende Diskussion.«

Husserl beschrieb einmal seine Philosophie als einen »Weg zu Gott ohne Gott«. Ein Schüler fragte: »Was, wenn es doch einen Gott gibt?« – Seine Antwort: »Dann wird er von uns beschrieben werden.«

Dies ist **Husserls** Lieblingsanekdote: Ein Mann trinkt Whiskey mit Soda und wird betrunken, dann trinkt er Gin mit Soda und wird betrunken, danach Vodka und Soda ... – und schließt daraus, dass er von Soda betrunken wird.

Jaspers war während der Zeit des Nationalsozialismus zu Besuch bei **Martin Heidegger**. Bei Tisch sagte Heidegger erhitzt: »Es gibt zu viele Philosophieprofessoren, zwei oder drei in ganz Deutschland genügen.« Jaspers fragte nach: »Welche drei denn?« – – – eisiges Schweigen.

Im Laufe eines Tischgesprächs zwischen Jaspers und **Heidegger** – der freiwillig in die NSDAP eingetreten war und seine Briefe als Rektor der Universität mit einem unterwürfigen »Heil Hitler« beendete – bemerkte Jaspers: »Wie können Sie nur Adolf Hitler folgen, er ist doch ungebildet.« Heidegger antwortete: »Seine Bildung ist gleichgültig, aber sehen Sie sich nur seine Hände an.«

Ein Freund, der **Heidegger** besuchte, fand ihn gerade über einem Buch des Zen-Meisters Suzuki brüten. Heidegger, ohne aufzublicken, bemerkte: »Wenn ich den Mann richtig verstehe, ist das genau das, was ich schon immer zu sagen versucht habe.«

Während **Heidegger** in der Zeit des Nationalsozialismus Universitätsrektor war, fragte ein NSDAP-Mitglied, ob ein Schild aufgehängt werden dürfe mit dem Spruch: »Ein Jude, der deutsch spricht, lügt.« Heideggers schroffe Antwort: »Blamieren Sie mich nicht!«

Heidegger konnte von klein auf Skilaufen und hielt sogar einmal einen Vortrag übers Skilaufen. Nicolai Hartmann, seines Zeichens selbst Philosoph, begegnete Heidegger auf der Treppe, als er gerade auf dem Weg zur Vorlesung war. Zur Überraschung von Hartmann trug Heidegger einen Skianzug! »Wie gehen Sie denn in die Vorlesung?«, rief er entsetzt. Heidegger lachte und dozierte minutenlang über die Vorteile des Stemmbogens für Skifahrer.

Hans Jonas hat einmal **Heidegger** vorgeworfen, dass in seiner Philosophie nie etwas über den Körper ausgesagt werde. Heideggers simple Antwort: »Ja, das habe ich vergessen.«

Heidegger saß einmal mit dem Physiker und Philosophen Carl Friedrich von Weizsäcker zusammen. Heidegger provozierte den Physiker: »Sie als Naturwissenschaftler dürfen nicht sagen, die Sonne gehe unter. Sie müssen sagen, der Horizont hebt sich.« Das Gespräch verstummte. Am nächsten Tag kam Weizsäcker auf Heidegger zu: »Sie dafür können mit ihrer Philosophie nicht erklären, warum die Naturwissenschaft funktioniert.« Heidegger stutzte und sagte: »Das weiß ich wirklich nicht.«

Mit seinem Freund Schulz saß **Heidegger** einmal im Wirtshaus »Hirsch« zusammen und ruhte sich von einer Wanderung aus. Sie sprachen etwas miteinander. Plötzlich packte Heidegger Schulz am Arm: »Herr Schulz, wenn ich nachdenke, dann ist es so, als ob Heraklit neben mir stünde.«

Als Gadamer zu Gast auf **Heideggers** idyllischer Berghütte war, las jener ihm aus den Schriften Nietzsches vor. Plötzlich schlug Heidegger mit aller Kraft auf den Tisch, dass die Tassen klirrten, und rief: »Das ist ja chinesisch!«

Heidegger über Aristoteles: »Aristoteles wurde geboren, lebte und starb. Der Rest ist Anekdote.«

Hans-Georg Gadamer wurde von Max Kommerell gefragt, ob er ein bestimmtes neueres Buch gelesen habe. Gadamer gab kühl zurück: »Ich lese nur Bücher, die mindestens zweitausend Jahre alt sind.«

In einem Seminar von **Karl Jaspers** über Kant ergriff ein chinesischer Student das Wort. Mit großem Wortschwall hielt er einen langen Monolog über Kant und dessen Bedeutung für die Verbindung der deutschen und der chinesischen Philosophie. Da unterbrach ihn Jaspers: »Ah, Sie sprechen jetzt über den Chinesen in Königsberg, nicht wahr?«

Bei einer Van-Gogh-Ausstellung sagte **Jaspers** einmal über den Künstler: »Das ist der einzige senkrechte Verrückte, die anderen möchten es alle gern sein, aber sie sind nur allzu normal.«

Jaspers ließ ein Bild von sich anfertigen. Als er es dann zum ersten Mal sah, rief er aus: »Ob ich das bin, weiß ich nicht, sicher aber ist es ein Philosoph.«

Zur selben Zeit hielten sich der Philosoph **Ernst Bloch** und der Literaturtheoretiker Georg Lukács an der Heidelberger Universität auf. Beide fielen wegen der Unbeirrbarkeit ihrer Ansichten auf. Der Philosoph Emil Lask witzelte: »Wer sind die vier Evangelisten? Matthäus, Marcus, Lukács und Bloch.«

Einer seiner Studenten stellte **Ernst Bloch** eine Scherzfrage: »Was ist die partielle Negation des In- und Umseins der passiven Kausalität des Unendlichen?« Bloch nach einigem ernsten Nachdenken: »Ein Loch im Hemd der Gottesmutter.«

Da **Ernst Bloch** ein bekannter Marxist war, glaubten viele Studenten durch ihre politisch linke Einstellung einen Vorteil bei den Prüfungen zu haben. »Was haben Sie denn gelesen?«, fragte Bloch meist zu Anfang einer Prüfung: »Die klassische Philosophie, Marx, Engels und Feuerbach.« Bloch darauf eisig: »Sonst nichts?«

Ernst Bloch traf mit Walter Ulbricht zusammen. Neugierig wurde er gefragt, wie das Gespräch mit dem Staatsratsvorsitzenden verlaufen sei. Bloch: »Ach leider hat der Mann keinen Sexappeal.«

Martin Buber war ständig mit christlichen Theologen im Gespräch. Einmal wurde er gefragt, warum Juden nicht an Jesus Christus als Messias glaubten. Er sagte: »Ihr glaubt, dass er schon da war, wir glauben, dass er noch kommen wird. Warum warten wir nicht einfach gemeinsam, bis wir ihm beim Jüngsten Gericht begegnen. Und dann können wir ihn ja fragen, ob er schon einmal da war.« – »Und«, so fügte Buber nachdenklich hinzu, »ich werde ihn dann zur Seite nehmen und ihm ins Ohr flüstern: Um Himmels Willen, sag jetzt bloß nichts!«

Ludwig Wittgenstein interessierte sich für psychisch Kranke. Während er im März 1938 in Dublin weilte, besuchte Wittgenstein zwei bis dreimal die Woche eine Psychiatrie und sprach mit den Patienten. Ein chronisch Kranker fiel ihm besonders auf. Während Wittgenstein mit dem Finger auf ihn zeigte, sagte er zum Krankenhauspersonal: »Dieser Mann ist intelligenter als seine Ärzte.«

Wittgenstein, obwohl selbst an der Universität tätig, entmutigte jeden, Philosophie zu studieren. Maurice Drury drängte er, sein Studium aufzugeben, um stattdessen Geld zu verdienen. »In Cambridge gibt es für Sie keinen Sauerstoff«, argumentierte Wittgenstein; worauf Drury entgegnete: »Aber Sie sind doch auch hier.« Wittgenstein konterte ernst: »Mir macht es nichts aus, denn ich produziere meinen eigenen Sauerstoff.«

Ort: Der Tagungsraum des Moral Science Club im Gebäude des King's College in Cambridge. An einem frostigen Oktoberabend trafen sich dort **Ludwig Wittgenstein** und der aus Neuseeland nach Europa zurückreisende Karl Popper. Schon vorher hatten die beiden keine gute Meinung voneinander. Popper hatte einige spitze Bemerkungen zu Wittgensteins Person fallen lassen: Der österreichische Landsmann sei unbeherrscht, aufbrausend und rechthaberisch. Tatsächlich trat Wittgenstein ihm gegenüber recht aggressiv auf und fiel Popper immer wieder ins Wort, bis ihr Streit über die Grundlagen der Ethik am Ende immer persönlicher wurde.

Schließlich griff Wittgenstein verärgert zum Schürhaken am Kamin und fuchtelte damit energisch und bedrohlich Popper vor der Nase herum. Popper blieb angesichts des wütenden Menschen erstaunlich regungslos. Wittgenstein brüllte, er solle doch jetzt einen unangreifbaren Satz über Ethik formulieren, wenigstens einen. Nun, sagte Popper, einen würde er schon formulieren können, nämlich den, dass es falsch sei, einen Gastredner mit dem Feuerhaken zu bedrohen. Wittgenstein starrte Popper noch einen Moment an, rannte hinaus und schlug die Tür mit einem lauten Knall zu.

Ein einziges Mal in seinem Leben ließ sich **Wittgenstein** dazu überreden, an einem Philosophiekongress teilzunehmen. Er erschien dort mit Rucksack, kurzen Hosen und offenem Hemd. John Mabbott, ein Professor aus Oxford, hielt ihn für einen Studenten. »Ich fürchte, hier findet ein Philosophiekongress statt.« – »Ich auch«, entgegnete Wittgenstein.

Wittgenstein betonte immer, dass Philosophen wie Müllmänner sein müssten, die den Geist vom Müll des Denkens befreien sollen. Sicherlich in diesem Sinne war Wittgensteins Antwort auf eine Bemerkung eines seiner Studenten. Der Student ließ sich nämlich darüber aus, wie dumm die Menschen zu der Zeit gewesen sein mussten, als sie noch glaubten, die Erde drehe sich um die Sonne. Jeder Astronom mit einem Quäntchen Menschenverstand hätte das Gegenteil bemerken können. Wittgenstein darauf: »Das stimmt. Ich frage mich, wie es aussehen würde, wenn die Sonne wirklich um die Erde kreisen würde.«

Bertrand Russell, der bei einer Demonstration verhaftet worden war, musste bei seinem anschließenden Gefängnisaufenthalt eine Menge Schreibkram ausfüllen. Der zuständige Wachmann fragte ihn, welcher Religion er angehöre. Russell sagte, er sei Agnostiker. Der Wachmann klopfte ihm tröstend auf die Schulter und meinte: »Egal, wie der Name auch ist, wir glauben doch alle an denselben Gott.«

Auf einem Schulhof sah **Russell** einen Jungen, der einen kleineren schlug. Darauf angesprochen, sagte er: »Ich wurde immer von älteren Schülern geschlagen. Jetzt schlage ich schwächere.« Mit diesen Worten, sagte Russell, habe er die Geschichte der Menschheit erklärt.

Russell sprach mit seinem Kollegen G. E. Moore. Plötzlich hielt Moore in der Konversation inne und fragte: »Sie mögen mich nicht, nicht wahr?« Russell dachte einige Sekunden ernst darüber nach, dann sagte er: »Nein.« Danach ging das Gespräch reibungslos weiter.

Beim Tee diskutierten **Russell** und Wittgenstein. Wittgenstein erklärte ihm: »Wenn ich beweisen könnte, dass Sie in fünf Minuten sterben, wäre ich zwar traurig, aber trotzdem froh, weil ich einen einwandfreien Beweis gefunden hätte.« Russell: »Da sind wir uns zum ersten Mal einig.«

Russell pflegte zu sagen: »Die meisten Menschen würden lieber sterben als einmal nachzudenken«, nach einer Pause fügte er hinzu: »Tatsächlich machen sie genau das.«

»Der Menschheit sind nur vier große Unglücksfälle zugestoßen«, betonte **Russell**, »Platon, Aristoteles, Kant und Hegel.« Ohne sie hätte sich alles zum Besten entwickelt.

An seinem 90. Geburtstag wurde **Russell** beim Festessen von einer Dame gefragt: »Sie sind nicht nur der bekannteste, sondern auch der älteste Atheist. Was, wenn Sie sich irren und Sie nach dem Tod zu Gott kämen?« Russell lächelte: »Dann werde ich ihn nach dem Grund fragen, warum das Beweismaterial seiner Existenz so dürftig war.«

Jean-Paul Sartre arbeitete eine Weile als Schullehrer. Eines Tages ermunterte er acht von seinen Schülern, zusammen mit ihm Boxunterricht zu nehmen. Kurze Zeit später boxten sie schon gegen den Philosophen, der mit nacktem Oberkörper vor ihnen hin und her sprang. Sartre war nur 157 cm groß! »Wir wussten gleich«, sagten die Schüler, »dass das kein normaler Lehrer war.«

Gegen seine Kameraden im Zweiten Weltkrieg hegte **Sartre** einen Groll. Ein Freund sagte ihm: »Du musst die Leute nehmen wie sie sind!« Und Sartre darauf: »Nicht wie sie sind, ist das Problem, sondern wie sie sich verhalten!«

Sartres Philosophie verdankte dem Denken von Heidegger viel. Eines Tages besuchte Sartre sein Vorbild. Das Treffen verlief für ihn äußerst enttäuschend und dauerte lediglich dreißig Minuten. Sartre spottete: »Heidegger sieht ja aus wie ein Oberst im Ruhestand« – »Der alte Mann vom Berg, genau das ist er.« Heidegger dagegen hatte ins Zugabteil, das für Sartre reserviert war, Rosen schicken lassen. Der französische Philosoph warf sie aus dem Fenster.

Eigentlich war die empfohlene Tagesdosis von Corydran, einem Aufputschmittel, eine Tablette. **Sartre** nahm täglich zehn. Das machte ihn produktiv, brachte aber einen gewissen Realitätsverlust mit sich. Als er eines Tages mit dem Regisseur John Huston sprach, begann der Philosoph einen pausenlosen Monolog. Schließlich hatte Huston genug und verließ das Zimmer. Nach zehn Minuten kehrte er zurück; Sartre sprach immer noch. Er hatte gar nicht bemerkt, dass Huston gegangen war.

Albert Camus warf **Sartre** vor, dass er ein verkappter Hegelianer sei. Sartre antwortete: »Das einzige, was ich mit Hegel gemein habe, ist, dass Sie weder ihn noch mich gelesen haben.«

Sartre schrieb einst ein Drehbuch für einen Hollywood-Film. Es wurde mit der Begründung abgelehnt, es sei zwar ein gutes Drehbuch, aber es mangele an Religion, echten Überraschungsmomenten, Menschlichkeit, Kürze und Sex-Appeal. Sartre schrieb ein neues »Drehbuch« und schickte es ein: »Wie wäre es damit? ›Oh Gott‹, schrie die Gräfin, ›lass mein Bein los‹.«

Im Mai 1968 verteilte der politisch engagierte **Sartre** Flugblätter auf der Straße. Ein Polizist packte ihn am Arm und wollte ihn auf das Revier mitnehmen. Plötzlich rief einer aus der Menge: »Sie verhaften einen Nobelpreisträger!« Unsicher ließ der Polizist los und suchte das Weite. Sartre rief dem Ordnungshüter lautstark hinterher: »Haltet den Dieb!«

Adorno äußerte einmal gegenüber dem Komponisten Hanns Eisler, er würde am liebsten die Kernbotschaft seiner Philosophie auf einen kleinen Zettel schreiben, diesen in eine Flasche stecken, sie danach ins Meer werfen und hoffen, dass die Flasche bis zu den Fidschi-Inseln treiben werde. Eisler fragte darauf, was zum Teufel denn die armen Insulaner mit einem Zettel sollten, auf dem stünde: »Ich bin ein metaphysischer Miesmacher.«

Ein Journalist spielte auf die Studentenunruhen an und begann ein Interview mit **Adorno** mit einer Floskel:

»Herr Professor, vor zwei Wochen schien die Welt noch in Ordnung zu sein …«, worauf Adorno einwarf: »Mir nicht.«

Adorno wurde vorgeworfen, er philosophiere so verwirrend, wie ein Jongleur Bälle werfe. Zornig gab Adorno zurück: »Ich will gar nicht verstanden werden.«

Der kategorische Imperativ von Kant kann nicht besser erklärt werden als mit folgender Geschichte: Der emeritierte Philosophieprofessor der Columbia University **Sidney Morgenbesser** zündete sich eine Pfeife an und wollte in die U-Bahn-Station gehen. In diesem Moment hielt ihn ein Polizist mit dem Hinweis an, dass Rauchen verboten sei. Der Professor bat freundlich, er solle doch ein Auge zudrücken. »Nein, wenn ich es Ihnen erlaube, muss ich es allen erlauben«, erklärte der Polizist. Morgenbesser keifte: »Für wen halten sie sich eigentlich? Für Kant?!«

Morgenbesser wurde gefragt, was er denn vom Pragmatismus hielte. Er sagte: »Ich glaube, er funktioniert gut in der Theorie, aber nicht in der Praxis.«

Schelling hat in seinen Schriften die berühmte Frage über die Gründe für die Existenz des Universums formuliert: »Warum ist überhaupt etwas und nicht nichts?« Diese Frage hat Arthur Danto an **Morgenbesser** gestellt. Dieser sagte: »Auch wenn es nichts gäbe, würdest du dich immer noch darüber beschweren.«

Ein Student unterbrach **Morgenbesser** in einem seiner Seminare: »Ich verstehe das nicht, Herr Professor«, darauf Morgenbesser: »Dann sind wir ja schon zwei!«

Morgenbesser kritisierte einmal einen Kollegen, der seine jüdische Herkunft versteckte: »So, so, dein Motto ist also ›inkognito ergo sum‹?!«

Ein nörgelnder Student forderte **Morgenbesser** heraus, seine Existenz zu beweisen. »Und wer fragt das?«, gab der Philosoph zurück. »Na ich!«, sagte der Student – und hatte die Diskussion verloren.

Während der Studentenunruhen wurde der ebenfalls demonstrierende **Morgenbesser** von einem Polizisten mit einem Stock geschlagen. Vom Richter wurde er später gefragt, ob es wahr sei, dass er unfair und ungerecht behandelt worden sei. Morgenbesser erläuterte: »Unfair ja, weil ich als Unbewaffneter mit einem Stock geprügelt wurde; ungerecht nein, denn alle wurden auf die gleiche Weise geschlagen.«

Ein berühmter Professor aus Oxford, John L. Austin, erklärte bei einer Gastvorlesung, dass viele Sprachen existierten, bei denen eine doppelte Verneinung eine Bejahung bedeute, es aber keine Sprache gäbe, bei der eine doppelte Bejahung eine Verneinung ausdrücke. **Morgenbesser,** der in der ersten Reihe saß, kommentierte grinsend: »Yeah, yeah!«

Michel Foucault wurde von einem seiner Studenten gefragt: »Glauben Sie, dass der Künstler eine Identität besitzt, mit der er über die Struktur hinausgehen kann, also kein ohnmächtiger Typus ist, verdammt, eine Marionette zu sein, die während der letzten fünfzig Jahre aufgrund der Manipulation durch technische Medien ohnmächtiger als je zuvor wurde?« Foucault schaute den jungen Mann nachdenklich an. Er bat, eine Nacht darüber philosophieren zu dürfen. Am nächsten Tag erschien der Denker und antwortete dem Studenten: »Nein.«

Chomsky studierte in den frühen fünfziger Jahren in Harvard. Eines Tages fragte er seinen Professor, ob es einen Unterschied zwischen Harvard und Oxford gäbe. »Da ist ein gewaltiger, junger Mann«, sagte der Professor, »wir hier haben echte Oberflächlichkeit, die Oxforder haben nur falsche Oberflächlichkeit.«

Nachdem **Karl Popper** 1936 an der Aristotelian Society einen Vortrag gehalten hatte, wurden ihm in der darauf folgenden Diskussion einige Fragen gestellt. Dabei äußerte er, dass er zwar an Lernen durch Erfahrung glaube, aber nicht, dass man auf diese Weise allgemeine Erkenntnisse erhalte (worauf die Naturwissenschaften aber beharren). Alle hielten das für eine Art Witz, lachten und klatschten. Popper schob nach, dass Erkenntnis durch Erfahrung auch keineswegs *sichere* Erkenntnis sei. Wieder gab es belustigten Beifall. »Keiner von ihnen ahnte«, erklärte Popper später, »dass ich diese Ansichten ernsthaft vertrat.«

Ein Freund brachte **Karl Popper** ein Buch von Charles Rosen über moderne Musik und las ihm begeistert daraus vor: »Arnold Schönberg komponierte die Musik der Zukunft …«. Da riss ihm Popper das Buch aus der Hand und warf es erbost in die Ecke: »Man kann seine Arbeit gut machen«, rief er, »aber eine Arbeit zu machen, die ihrer Zeit voraus ist, das ist pure Propaganda!«

Konrad Lorenz' Lieblingsanekdote, die sein Menschenbild ausdrückte: Ein Huhn wird jeden Tag gefüttert und genießt die Annehmlichkeiten eines warmen Stalls. Schließlich hält das Huhn den Bauern für seinen Wohltäter (bis es geschlachtet wird).

Für einige Zeit arbeitete **Jacques Derrida** an einem Gymnasium. Seine Lehrmethode unterschied sich von derjenigen anderer Pädagogen. Er kam praktisch unvorbereitet in den Unterricht und begann über ein Thema zu sprechen, das ihn selbst gerade beschäftigte. Da die meisten Schüler mundfaul waren, provozierte sie Derrida: Wenn nämlich der erste Schüler mit einem unsicheren »nach meiner Meinung ...« zu sprechen ansetzte, unterbrach ihn Derrida: »Ich pfeife auf deine *Meinung*, ich will die Wahrheit wissen!«, worauf meist eine heftige Diskussion entstand, wie diese aussehen könnte.

Ein Reporter beklagte gegenüber **Derrida** bei einem Interview, dass seine Werke so schwer zu lesen seien, woraufhin Derrida sagte: »Und warum beklagt sich niemand bei Physikern und Ärzten?«

2. Love is all you need

Wie die Philosophen lieben, wie sie mit den Frauenzimmern umgehen und was sie lieber verheimlichen würden

Unendlich viele Philosophen glaubten, dass man nur ohne Ehefrau ein wahrer Philosoph werden könnte. Doch die ersten Denker wie Thales oder Pythagoras waren verheiratet, ja unter den Philosophen-Gattinnen waren selbst Philosophinnen. **Theano** beispielsweise nannte Pythagoras ihren Liebsten. Als einmal der Wind ihren Ärmel entblößte und ein lüsterner Beobachter bemerkte: »Was für ein schöner Arm!«, antwortete sie: »Ja, aber kein öffentlicher« und schob sich charmant das Kleid zurecht.

Sokrates hatte zwei Frauen, Xanthippe und Mirto. Athen erlaubte seinen Bürgern die Doppelhochzeit, weil die Pest die Einwohnerzahl der Stadt vermindert hatte. Xanthippe (»Blondpferdchen«) muss eine rechte Nervensäge gewesen sein. Verärgert über den Müßiggang ihres Gatten leerte sie ihm nach großem Gezänke einen Eimer Schmutzwasser über den Kopf: Sokrates blieb gelassen und äußerte: »Bei Xanthippe folgt nach Donner Regen.« Gefragt, warum er sie geheiratet habe, sagte Sokrates: »Wer ein guter Reiter werden will, muss auch auf einem wilden Pferd reiten können.« Und: »Warum sich aufregen, man kann ja auch nichts gegen das Geschnatter von Gänsen tun!« Ein Schüler fragte: »Sokrates, warum nur bist du mit Xanthippe zusammen?«; »Zur Übung: Wenn ich sie aushalte, dann halte ich alles aus.«

Alkibiades schickte **Sokrates** einen großen und leckeren Kuchen. Xanthippe aber wurde ärgerlich, denn sie dachte, es handele sich dabei um eine Liebesgabe des Jünglings an seinen Lehrer. Sie warf den Kuchen zu Boden und zertrampelte ihn. Als Sokrates das sah, lachte er: »So bekommst auch du nichts vom Kuchen ab.«

Einige Schüler, die aus dem Kreis des **Sokrates** ausschieden, fragten ihn um Rat, wie man daheim ein glückliches Leben führen könnte. Sokrates forderte sie auf, zu ihm nach Hause mitzukommen. Im Haus stand er mit ihnen oben auf die Treppe. Dann rief Sokrates seine Frau zu sich herauf. Er befahl ihr, einen vollen Topf mit Mehl und dann einen mit Honig zu Boden zu schleudern. Sie gehorchte. »Seht ihr, wenn ihr je in eurem Haus soviel zu sagen habt, dann führt ihr ein glückliches Leben.«

Ein Freund fragte **Sokrates**, ob er heiraten solle. Dieser antwortete: »Mein Freund, heirate, denn entweder wirst du durch die Heirat glücklich oder ein Philosoph.«

Eine Hetäre mit Namen Theodote sagte einmal zu **Sokrates**: »O Sokrates, ich bin stärker als du, denn du kannst keinen von meinen, aber ich kann alle von deinen Anhängern abwerben.«

Wie in vielen Stadtstaaten der Antike war auch in Athen Homosexualität nicht der gesellschaftlichen Ächtung unterworfen. **Sokrates** aber zügelte seine sexuellen Begierden. So ermahnte er einen seiner Schüler, Kritias, der sich in Enthydemus verliebt hatte: »Der Kritias kann es nicht lassen, sich an Enthydemus zu reiben, wie es auch ein Schwein nicht lassen kann, sich an Steinen zu wälzen.«

Er scheint beinahe ein Gigant menschlicher Selbstbeherrschung gewesen zu sein, legte er sich doch eine Nacht lang neben den Schönsten der Schönen, Alkibiades, ohne ihn in irgendeiner Form unsittlich zu berühren.

Ein Skandal rückte **Aristoteles** ins Licht der Öffentlichkeit. Es wurde eines Tages enthüllt, dass Aristoteles eine Affäre mit einem Eunuchen, Hermeias, hatte. Diese beiden verband angeblich ein so inniges Verhältnis, dass Aristoteles ihm seine Tochter Pythias zur Frau gab. Aufgrund dieses Gerüchts musste Aristoteles Athen verlassen.

Stilpon, ein Sokratesschüler, erfreute sich in der ganzen Stadt großer Beliebtheit. Nur seine Tochter war aus der

Art geschlagen und schlief ohne Scham mit allen Männern, die ihr gefielen. »Stilpon«, sagte schließlich einer zu ihm, »eine solche Tochter zu haben, macht dir Schande!« – »Ja, aber sieh es mal so: Welche Ehre es für meine Tochter ist, mich zum Vater zu haben.«

Bei den Griechen gab es ein geflügeltes Wort: »Nicht für jeden ist es wie für **Aristipp**, sicher nach Korinth zu reisen.« Und das kam so: In Korinth gab es eine bekannte Hetäre mit dem Namen Laidis. Aristipp ging eines Tages, von dem Ruf der Hetäre angelockt, nach Korinth. Tatsächlich konnte die Dame ihn zum Beischlaf bewegen. Als der Philosoph damit groß tat, dass er von ihr nicht eingefangen worden sei, entgegnete man ihm: »Aber du hast doch mit ihr Verkehr gehabt?« – »Ja, das stimmt. Jedoch habe ich *sie* gehabt, sie aber mich nicht.«

Ein richtiger Bücherwurm war **Arkesilaos**, ein Anhänger Platons. Jeden Abend vor dem Einschlafen las er einige Seiten Homer. Er pflegte deswegen stets zu sagen, wenn er sich ins Bett begab, er gehe zu seinem Geliebten.

Karneades beschäftigte sich pausenlos mit philosophischen Problemen. Am Mittagstisch vergaß er vor lauter Nachdenken nach seinem Essen zu greifen. Melissa, seine Frau, musste ihn füttern. Nur so konnte sein Geist, frei von irdischen Zwängen, umherschweifen.

Als junger Mann befragte **Zenon** das Orakel in Delphi, was er mit seinem Leben anfangen sollte. Das Orakel gab ihm folgende Antwort: »Du musst dich mit den Toten paaren.« Zenon verstand das richtig und ging nicht zum nächsten Friedhof, sondern in die Philosophenschule, denn das Orakel wollte ausdrücken, dass er die Alten studieren sollte.

Diogenes starb, nachdem er einen rohen Tintenfisch gegessen hatte, denn sein Magen hatte sich wie ein Ballon davon aufgebläht. Diese Blähung seines Bauches scheint sein Ziel um ein klein wenig verfehlt zu haben, da der Tintenfisch als antikes Potenzmittel galt.

Der Philosoph **Diogenes** nahm kein Blatt vor den Mund. Das tat er übrigens auch nicht bei anderen Dingen. Als er wieder mal auf dem Marktplatz vor aller Augen onanierte, rief er aus: »Ach, wenn man nur ebenso den Hunger durch Reiben des Bauches loswerden könnte.«

In die Lehre der Stoiker unterwiesen war **Kleanthes**. Dass Philosophen nicht nur mit einem guten Denkvermögen ausgestattet sein müssen, beweist dieses Ereignis. Als Kleanthes bei einer Rede auf der Bühne stand, entblößte ihn der Wind und er stand plötzlich nackt vor seinen Zuhörern. Anstatt verlegen zu werden, klatschte das Publikum anerkennend Beifall.

Die Philosophie ist ein Männerclub. Das wird nirgendwo besser deutlich als bei der Antwort von **Demonax** auf die Frage, was ihn denn seiner Meinung nach zum Philosophen gemacht habe: »Meine Hoden.«

Seneca bemerkte einmal, dass eine gute Rede wie ein Liebesakt sei. Sie sollte langsam beginnen, im gleichen Rhythmus gehalten werden, dann mit einem Höhepunkt enden. Und, fügte Seneca dann noch hinzu, sie sollte nicht länger als zwei Minuten sein.

Zur Verbannung von **Seneca** kam es, als er einen Prozess verlor. Dreier Dinge wurde er darin angeklagt: (1) Er habe Ehebruch mit der verheirateten Iulia begangen, (2) Er wollte die Mutter des Kaisers Nero, Agrippina, verführen, (3) Er habe mit zahlreichen Halbwüchsigen geschlafen. Eine beachtliche Liste für einen Philosophen, der sexuelle Zurückhaltung predigte.

Hypatia war nicht nur eine der wenigen weiblichen Philosophen, sondern auch von bezauberndem Äußeren. Sie war das Oberhaupt der platonischen Akademie in Alexandrien. Unglücklicherweise verstand sie es, ihre Schüler nicht nur mit Platon und Aristoteles zu reizen. Prompt verliebte sich einer ihrer Schüler in sie. Der wurde zudringlich und machte keinen Hehl aus seinen Gefühlen.

Liebe ist ein Gefühl und so das Gegenteil der Vernunft; für so etwas hatte die intelligente Schöne keinen

Sinn. Sie bat also den Jüngling zu sich, hielt ihm Tücher mit ihrer klebrig, blutigen Monatsregel unter die Nase und sagte: »Darin verliebst du dich also!« Schocktherapie, aber wirkungsvoll, der Jüngling widmete sich danach nur noch geistigen Dingen.

Ambrosius war ein hinreißender Prediger. Sein Lieblingsthema war, dass Frauen keusch wie die Jungfrau Maria sein sollten. Beim Predigen war Ambrosius so erfolgreich, dass Mütter ihren Töchtern verboten, ihm zuzuhören, aus Angst, die Mädchen könnten später die Heirat verweigern.

Der sechzehnjährige **Augustinus** liebte es, in die Bäderanstalt zu gehen. Dort sah ihn sein Vater unglücklicherweise gerade, als der angehende Philosoph eine Erektion hatte. Eilig verließ der Vater den Badeort und ging zur Mutter: Froh und ausgelassen erzählte er ihr alles, was er gesehen hatte. Er schloss seine Rede mit den Worten: »Wir können uns schon darauf freuen, bald Enkel zu haben.«

Das Nachtgebet von **Augustinus** in seiner Jugend: »Herr, gib mir Reinheit und Mäßigung, aber bitte später.«

Nach seiner sexuell ausschweifenden Jugend dachte der in Bischofswürden stehende **Augustinus** anders über Frauen. Er verbot nämlich Frauen, sich in seinem Haus aufzuhalten. Selbst seine eigene Schwester hatte keinen Zutritt zu ihm, und die war immerhin Nonne und Klostervorsteherin. Ebenso untersagte er es sämtlichen seiner Priester, in Häuser zu gehen, wo das weibliche Geschlecht wohnte.

Augustinus' Mutter Monica war sehr streng erzogen worden. Sie erzählte, dass sie zum Essen sehr wenig zu trinken bekam und zwischen den Mahlzeiten gar nichts. Der Grund: Man darf sich nicht zu sehr an das Trinken gewöhnen; wer gewohnt ist zu trinken wird heute zwar Wasser, morgen aber Wein trinken. So erklärte sie dem Sohn die Gefährlichkeit der Sexualität.

Ammon hatte sich von einem frühen christlichen Philosophen bekehren lassen. Deswegen erklärte er in der Hochzeitsnacht seiner verwunderten Frau, dass Sex Sünde sei. Die junge Frau ließ sich von den Vorteilen ihrer Jungfernschaft überzeugen. Anstatt getrennter Schlafzimmer, entschied sich das junge Glück dafür, einige hundert Kilometer entfernt voneinander zu wohnen. Sicher ist sicher.

Als **Anselm von Canterbury** Abt des Cadomenser Klosters war, hatte ein Mönch das Gelübde getan, sein Schamteil nie zu berühren. Unglücklicherweise fing es eines Tages unerhört zu jucken an. Es kratzte tagein, tagaus, bis er sich Anselm anvertraute. Dieser nahm ihn an einen stillen Ort, kniete sich nieder und befahl dem Mönch, die Kutte zu lüften. Er untersuchte eine Weile dessen Schambereich, konnte aber keine Krankheit feststellen. Das Jucken hörte in den nächsten Tagen auf. Das Handauflegen des heiligen Anselm muss wohl geholfen haben.

Der Ruf von **Petrus Abelardus** als Lehrer war gut genug, dass ihn der Onkel von Héloise zu ihrem Privatlehrer machte. Als Wolf im Schafspelz verführte er nicht nur das gebildete Mädchen, sondern zeugte auch noch ein Kind mit ihr, das den Namen »Astrolabe« trug. Der Onkel konnte so viel Frechheit nicht erdulden. Zusammen mit ein paar Schergen drang er des Nachts in Petrus Abelardus' Zimmer ein. Sie schnitten dem Philosophen den Teil des Körpers ab, mit dem er gesündigt hatte.

Jacobus de Voragine erzählte, **Thomas von Aquin** sei nach seinem Eintritt ins Kloster von seinen Verwandten entführt worden. Sie wollten nämlich, dass er zu einem weltlichen Leben zurückkehrt. Thomas musste zwei Jahre in einem Turm eingesperrt leben. Es wurde ihm ein hübsches Mädchen gebracht, das sich um den Jüngling kümmern sollte. Thomas aber trieb sie mit einem glühenden Kaminhaken aus dem Zimmer und konnte schließlich durch ein geöffnetes Fenster fliehen.

Roger Bacon glaubte, dass das Inhalieren des Atems von Jungfrauen eine lebensverlängernde Wirkung habe. Die allgemeine Lebenserwartung war zu seiner Zeit etwa 50 Jahre, Bacon aber starb 1292 im Alter von beinahe 80.

1607 heiratete **Francis Bacon** Alice Barnham. Bacon war aus gutem Hause und hatte schon als Kind Umgang mit Königin Elizabeth, die ihn herzig »Baby-Salomon« nannte. Bei der Hochzeit trug Bacon einen komplett lilafarbenen Anzug, was auch zur damaligen Zeit nicht üblich war. Bacon hatte übrigens schon das fortgeschrittene Alter von 45 erreicht. Seine Braut, Alice Barnham, war erst 14. Tief blicken lässt, dass die Forschung ein Bild von ihr fand und jahrelang rätselte, ob es Bacons Frau oder dessen Mutter sei. Bacon selbst jedenfalls hielt man für einen Päderasten, der »die Sünde der Sodomie nicht lassen kann und mit einem kindlichen Jungen ins Bett steigt« (schreibt das Parlamentsmitglied Simon D'Ewes). Selbst Bacons Mutter ermahnte ihn, er solle doch nach seiner Hochzeit endlich damit aufhören, seinen Diener Percy als Bettgesellen zu benutzen.

Michel de Montaigne glaubte, dass man das für das Leben Notwendige nicht früh genug erfahre. Leider sei es in der Regel so: »Man lehrt uns zu leben, wenn unser Leben dahin ist. Hundert Schüler haben sich den Tripper geholt, bevor sie im Aristoteles bis zum Kapitel über die Mäßigung gekommen waren.«

Seine Verwandten hatten **Descartes** im Jahre 1625 vorgeschlagen, für ihn eine Frau zu finden. Descartes suchte lieber selbst. Sein Blick fiel auf eine Madame De Rosay. Die Dame musste später einräumen, dass für Descartes die Philosophie anziehender schien als sie, obwohl sie nicht hässlich war und Descartes höflich erklärte, sie sei so schön wie die Wahrheit selbst. Eines Tages sah sie den jungen Philosophen in Begleitung einiger Leute, die ihn über die Verbindung von Mann und Frau aufklärten. Als sie ihn darauf ansprach, äußerte er nachdenklich: »Es gibt drei Dinge in der Welt, die man offensichtlich nur schwer finden kann: Eine tugendhafte Frau, ein gutes Buch und einen vollendeten Prediger.«

Descartes blieb sein ganzes Leben unverheiratet. In seiner Jugendzeit zog er mit seinen Freunden durch die Bordelle der Stadt. Doch später reuten ihn seine Laster. Stattdessen suchte er sich eine gut erzogene und schöne junge Frau, die seinen sexuellen Appetit stillte. Drei Kinder entsprangen der Beziehung. Uneheliche Kinder waren zwar sozial geächtet, aber wie John Aubrey äußerte: »Wer ein solches Gehirn zum Vater hat, kann kein schlechter Mensch werden.«

Blaise Pascal galt als Wunderkind. Unter den geneigten Augen seines Vaters beschäftigte er sich mit nichts anderem als Mathematik, Physik und Geometrie. Als sein Vater starb, fühlte sich Pascal befreit. Er beschäftigte sich zwei Jahre lang mit nichts anderem als mit Glücksspiel, leichter Konversation und Prostituierten.

Der junge **Spinoza** verliebte sich in die Tochter seines Lehrers, die ein Mädchen von Schönheit und Verstand war. Verstand hatte sie wahrlich genug, denn Spinoza hatte zum Ärger seines Vaters eine Karriere als Kaufmann ausgeschlagen und war arm wie eine Kirchenmaus. Als ein reicher Nebenbuhler auftrat, ihr Perlen und edles Gekröse schenkte, heiratete sie diesen.

Leibniz verspürte Lust, sich zu verheiraten. Also fragte er seine Herzensdame. Diese bat sich Bedenkzeit aus. Das beleidigte ihn so sehr, dass er die ganze Sache mit den Worten abblies: »Ich dachte immer, es ist zu früh zum Heiraten, aber nein, in Wirklichkeit ist es zu spät!«

Montesquieu war für seine Vergesslichkeit bekannt. Bei einem Spaziergang durch die Stadt, auf dem ihn seine Frau begleitete, hielt er vor dem Haus einer ihm vertrauten Dame. Er bat seine Frau kurz zu warten. Drei Stunden stand sich seine Ehefrau die Beine in den Bauch, bis der Philosoph wieder erschien. Er hatte im munteren Gespräch seine Frau ganz vergessen. Besonders pikant, weil die Dame im Ruf stand, seine Geliebte zu sein.

Während einer Reise durch Italien geriet **Montesquieu** in Venedig in die Abhängigkeit einer Prostituierten. Wenig überzeugend drohte er ihr: »Sobald ich alle meine Kondome verbraucht habe, verlasse ich dich.«

David Hume besuchte eines Tages die Frau eines Diakons, die gerade leicht bekleidet einen Fisch ausnahm. Sie sagte, als er sie begrüßen wollte: »Kommen Sie nicht näher, ich bin ganz schmutzig und dreckig wie ein Tier.« – »Im Gegenteil, Sie tragen ein reizendes Negligee.« Die Dame kannte aber das Wort nicht: »Ich werde nie das feine Englisch verstehen«, antwortete sie. Darauf Hume: »Ich meinte, Sie tragen ein gut sitzendes Nichts.«

Der wohlbeleibte **Hume** war bei seinem Besuch in Frankreich Frauenschwarm, obwohl er mit den »charmanten Maschinen« wenig anfangen konnte. Der Earl of Claremont bemerkte dazu, dass »kein Putz einer Frau damals als vollständig gelte, wenn sie nicht die Gegenwart von Hume hinzugefügt hätte«.

Hume erzählte: »Vor sieben Monaten habe ich mir ein Haus und eine ganze Familie erworben. Ich als Familienvater, eine Köchin, meine Schwester und eine Katze. Was brauche ich denn noch? Anerkennung? Darauf kann ich verzichten. Ruhm? Der kommt irgendwann. Eine Frau? Ein solches Dekorationsstück ist völlig überflüssig, denn ich habe Bücher und sogar mehr als eins.«

Humes Freund John Home heiratete eine äußerst hässliche Frau. Hume fragte ihn: »Warum hast du sie nur als Ehefrau genommen?« Home äußerte: »Wenn nicht ich, wer hätte sie denn sonst heiraten sollen?«

Adam Smith war ein »sekundärer Nesthocker«, also einer, der das heimische Nest nicht verlassen will. Zumindest lebte er 60 Jahre bei seiner Mutter, die ihm den Haushalt führte, für ihn kochte und sich um die Wäsche kümmerte. Im Übrigen war Adam Smith damit äußerst zufrieden.

Voltaire verliebte sich in Frau Du Chatelet. Was gefiel ihm an ihr? »Sie ist eine Mischung aus Philosophin und Schafhirtin.«

Als **Voltaire** vor einigen Fürsten über Philosophie sprach, hatten diese nur Augen für einige reizende Dienerinnen, die mit tief ausgeschnittenen Kleidern bedienten. Da ihm keiner zuhörte, verlor Voltaire die Fassung, griff einer der Frauen an die Brust und schrie: »Busen hin, Busen her, ich hasse euch!«

Während der Zeit, als **Voltaire** bei Friedrich II. lebte, kam eine gewisse Dame zu ihm und klagte, dass ihr Ruf am Hofe so schlecht sei. »Man munkelt sogar, ich hätte mich aufs Land zurückgezogen, um Zwillinge zu bekommen.« – »Machen Sie sich keinen Kopf«, sagte Voltaire, »ich glaube sowieso nur die Hälfte der Geschichte.«

Voltaire betonte immer: »In der Jugend muss man lieben wie ein Verrückter, im Alter muss man arbeiten wie ein Verrückter.«

Einer erfolgreichen Schauspielerin machte **Voltaire** ein Kompliment wegen ihrer Schauspielkunst. Diese winkte bescheiden ab: »Jung und schön müsste man sein.« Darauf Voltaire: »Sie beweisen das Gegenteil.«

Rousseau verspürte Gelüste, die man heutzutage genauer einordnen kann. Bereits im Alter von acht Jahren liebte er es, wenn ihn die streng erzogene Pastorentochter und Kinderschwester, Fräulein Lambercier, mit einem Stock auf den nackten Hintern schlug. »Vor den Füßen einer ernsten Herrin zu liegen, ihren Befehlen zu folgen, sie um Vergebung zu bitten, das war mein größtes Vergnügen.«

Die zweite körperliche Liebschaft von **Rousseau** war Fräulein Goton. Was sie miteinander taten, sprach sich schnell herum. Zwei Kinder kamen eines Tages auf Rousseau zu und riefen: »Goton, pitsch-patsch, Rousseau!«

In Turin war **Rousseau** als Frauenschreck unterwegs: »Mein albernes Vergnügen, ihn vor ihren Augen zu wölben, war unendlich.« Mit anderen Worten: Rousseau war in den Gassen der Stadt als seinen Hintern zeigender Exhibitionist unterwegs.

Rousseau hatte eine Liebesaffäre mit einer Frau, die zwölf Jahre älter war und die er »Mama« zu nennen pflegte. Er liebte sie so sehr, »dass ich ihr«, wie er schreibt, »nicht nur die Hände küsste, sondern auch ihre Vorhänge, alle Möbel des Zimmers und auch den Fußboden«. Schließlich verließ seine »Mama« ihn für einen fünf Jahre jüngeren Mann.

Als sich **Rousseau** in Venedig mit einer Prostituierten einließ, wollte es mit der Potenz nicht so recht klappen. Bitter weinte er. Die Prostituierte verabschiedete sich mit den Worten: »Bübchen, lass die Frauen und studiere Mathematik.«

Im Oktober 1754 verliebte sich **Rousseau** in die Marquise d'Epinay. Wenig charmant sagte er: »Ich hätte nie gedacht, dass ich mich in eine Frau verlieben kann, deren Brust flach wie eine Hand ist.«

In der Gesellschaft von Frauen fühlte sich **Kant** unwohl und vermied das Gespräch mit ihnen. Wenn er aber doch mit ihnen sprach, lenkte er das Thema auf »Frauendinge« wie das Kochen. Eine Dame war schließlich so erbost darüber, dass sie sagte: »Auch Frauen können Verstand haben. Ihr haltet wohl Frauen für reine Köchinnen?« Darauf Kant: »Sagt das nicht so. Die Kenntnis der Kochkunst ist eine wahre Ehre. Ist es nicht ein Segen, die Männer damit erquicken zu können?«

Wenn **Kant** über die Frauen sprach, hörte sich das so an: »Ein Frauenzimmer muss sein wie eine Turmuhr, sie muss alles pünktlich und auf die Minute tun, und doch auch nicht wie eine Turmuhr, denn sie darf nicht alle Geheimnisse laut verkünden; sie muss wie eine Schnecke häuslich sein, und auch nicht wie eine Schnecke; sie muss nicht all das ihrige am Leib tragen.«

Caroline Schlegel unterhielt sich mit ihrem Schwager Friedrich über **Schelling**. Friedrich sagte: »Dieser Mann ist eine Urnatur, die Mauern durchbrechen kann. Er ist regelrechter Granit.« Besorgt gab Caroline zurück: »Aber wo nur kann ein Granit eine Granitin finden?« (Caroline, die in der Gesellschaft wegen ihrer spitzen Zunge den Beinamen »Lady Luzifer« trug, verließ später ihren Mann, um Schelling zu heiraten).

Hegel war einer der ersten Philosophen, der seit langem wieder in den Ehestand trat. Dabei sahen die Vorzeichen beim jungen Hegel äußerst ungünstig aus. Die Blattern hatten Hegel als Kind gezeichnet; er selbst war unendlich schüchtern. Seinen Mitstudenten fiel seine Befangenheit bei Frauen auf und sie nannten ihn nur »den alten Mann«. In Hegels Stammbuch schrieb sein Freund Fallot deshalb: »Gott stehe dem alten Mann bei!«

Mit Stolz präsentierte **Hegel** einer Abendgesellschaft seine junge Frau Maria von Tucher, die immerhin aus adligen Kreisen stammte. Ein Italiener flüsterte einem Umstehenden ins Ohr: »Bruttina!« (Hässliches Entlein).

Schopenhauer verliebte sich unsterblich in die Schauspielerin Karoline Jagemann. Seinen Freunden gegenüber sagte er: »Dieses Weib würde ich heimführen und wenn sie Steine klopfend an der Landstraße stünde.« Zum Heimführen gehören aber immer zwei und Karoline erwiderte seine Liebe nicht. Nach der Zeit der großen Gefühle kam für Schopenhauer die Zeit der kleinen Geschlechtlichkeiten. Im Jahre 1814 zeugte der ausgewiesene Frauenfeind mit einem Zimmermädchen ein Kind, das allerdings kurz nach der Geburt verstarb. Dann begann Schopenhauer eine Affäre mit Caroline Richter Medon. Während Schopenhauer einmal in Italien auf Reisen war, hatte seine Geliebte eine kurze, aber folgenreiche Liebesnacht, aus der ein strammer Sohn hervorging. Als Resümee aus seinem Kontakt mit Frauen notierte Schopenhauer: »Definition: die Liebe ist das Übel.«

Während die Gedanken von **Karl Marx** schließlich die Welt eroberten, eroberte er das Herz der Jenny von Westphalen. Marx schrieb in einem Brief: »Man fragt mich täglich, links und rechts, nach dem ›schönsten Mädchen von Trier‹ und der ›Ballkönigin‹. Es ist verdammt angenehm für einen Mann, wenn seine Frau in der Phantasie einer ganzen Stadt so als ›verwunschene‹ Prinzessin lebt.«

In der Zeit seines Londoner Exils war **Marx** bitterarm. Metzger und Gemüsehändler weigerten sich anzuschreiben, seine Kinder trauten sich nicht, in die Schule zu gehen, weil sie so verwahrlost aussahen. Einmal musste die Familie mit sechs Kindern zehn Tage lang nur Brot und Kartoffeln essen. Ein Leben ohne Dienstboten konnte sich Marx aber trotzdem nicht vorstellen. Schließlich schwängerte er seine Hausangestellte Lenchen Demuth. Engels übernahm, um den Skandal zu vermeiden, die Vaterschaft.

Als **Sören Kierkegaard** einmal einer Aufführung von Mozarts *Don Giovanni* beiwohnte, überkam den knapp Zwanzigjährigen ein ungebändigtes erotisches Verlangen, so dass er geradewegs aus dem Theater in die Arme einer Prostituierten rannte. In seinem Tagebuch notierte er kurz und bündig die Reaktion der käuflichen Dame während seines ersten Liebesakts: »Mein Gott, mein Gott … dies tierische Kichern.«

Nach kurzer Verlobungszeit mit Regine Olsen beschloss **Kierkegaard**, seine Beziehung zu ihr zu beenden. Der Grund: Er fühlte sich nicht gut genug für sie. Der Weg: Er spielte ihr den Schuft vor. »Willst du dich denn niemals verheiraten?«, fragte Regine. Kierkegaard: »Doch, in zehn Jahren, wenn ich mir ordentlich die Hörner abgestoßen habe, nehme ich mir ein blutjunges Mädchen, um mich zu verjüngen.« – Schnell erreichte Kierkegaard so sein Ziel.

Ludwig Feuerbach sprach zu seiner Braut: »Es gibt zwei Gegenstände, die Vernunft und den Erkenntnistrieb. Im Erkenntnistrieb gibt es etwas, was dich besonders interessieren dürfte, eine Materie, die verknüpft, die Liebe. Die Vernunft aber ist, wie ich denke, der Liebe nicht entgegengesetzt. Die Liebe ist aber eine Art der Erkenntnis selbst ...«. So redete und redete der Philosoph. Was er ihr eigentlich aber sagen wollte, war: »Ich liebe dich.« Er wollte nur vorher mögliche Missverständnisse aus dem Weg räumen.

Als ein Mitschüler **Friedrich Nietzsches** ihm seinen Liebeskummer beichtete, hörte ihm der angehende Philosoph genau zu. Dann sagte er kopfschüttelnd: »Und das Alles um ein kleines Mädchen!«, und ging davon.

Irgendwie scheint sich einer der sichersten Könner der deutschen Sprache, **Nietzsche**, falsch ausgedrückt zu haben, denn als er einen Dienstmann bat, ihn in Köln in ein Restaurant zu führen, brachte jener ihn stattdessen in ein Bordell. Bevor er wusste, wie ihm geschah, war der Philosoph in eine süße Parfümwolke eingehüllt, die von einer ganzen Schar Frauen in glitzernden Kleidern ausging. Nietzsche wurde rot, blieb eine Weile stehen, während ihn zahllose Augen erwartungsvoll anstarrten. Dann ging er mit forschem Schritt zum »einzigen seelenvollen Wesen in diesem Raum«, wie Nietzsche später erzählte, einem Klavier, und spielte einige Akkorde. Danach – während die

Damen sich noch über diese Geste wunderten – beeilte er sich, das Bordell zu verlassen.

Gestendorff schrieb **Nietzsche** einen langen Brief, in dem er ihn mit zahlreichen guten Argumenten aufforderte, sich endlich eine Frau zu nehmen. Nietzsches Antwort war kurz und bündig: »Geheiratet wird nicht!«

Nachdem **Nietzsche** Schopenhauer gelesen hatte, übernahm er auch dessen Frauenhass. Selbst in der Anwesenheit seiner (nur aus Frauen bestehenden) Familie sprach er nur noch von »Weibern«. Die Mutter verlor irgendwann die Fassung. Sie fragte ihn zornig, wen er denn eigentlich mit »Weibern« genau meine. Kleinlaut und zu Boden sehend sagte er: »Marktfrauen und Hauswirtinnen.«

Während der Zeit, als **Nietzsche** noch sein Amt als Professor ausübte, kamen einige empörte Studentinnen in seine Vorlesungen, um mit dem bekannten Frauenhasser zu diskutieren. Man weiß nicht genau, wie es Nietzsche anstellte, aber am Ende sah man den Philosophen umgeben von einer Traube lachender und schwatzender Studentinnen die Straßen entlang gehen.

Gehst du zum Weib, nimm die Peitsche mit. Wie sieht das in der Praxis des Peitschenschwingers **Nietzsche** aus? Im Wagnerkreis lernte er 1876 Mathilde Trampedach kennen. Er beschloss – nach einigen gemeinsamen Spaziergängen –, sie zu ehelichen. In einem Brief bat er die völlig überraschte Frau in einigen trockenen Sätzen um ihre Hand. Am Ende des Schreibens wurde ihr dann beiläufig mitgeteilt, dass er die Stadt bereits verlassen haben wird, wenn sie diesen Brief in Händen hält. Einen so forsch Reißaus nehmenden Denker konnte Mathilde Trampedach nur ablehnen.

Als **Nietzsche** einen zweiten Versuch unternahm, eine Frau zu erobern, fiel die Wahl auf die schöne Russin Lou Salomé. »Ich bin nach dieser Gattung von Seele lüstern«, gestand er seinen Freunden. Bei seiner ersten Begegnung mit ihr gab er den Romantiker: »Von welchen Sternen sind wir uns hier einander zugefallen?« süßholzraspelte er. Das gefiel der bildungshungrigen Frau, und das Treffen entwickelte sich positiv. Dann beschloss Nietzsche, aufs Ganze zu gehen und ihr einen Heiratsantrag zu machen, aber, bitte schön, aus gehörigem Sicherheitsabstand. Er schrieb seine Gefühle in einen herzerweichenden Brief. Diesen gab er seinem Freund Paul Rée mit der Bitte, für ihn bei Lou zu werben. Nicht der ideale Kandidat, denn sein Freund war selbst in die Russin verliebt und tat alles, was er nur konnte, dass auch Nietzsches zweiter Heiratsantrag ein Stückchen Papier blieb, das der Wind traurig die Gasse hinunter wehte.

Da **Nietzsche** von der Dame seines Herzens Lou Salomé abgelehnt worden war, verwandelte sich seine Liebe in Hass. Wenig charmant notierte er sich: »Dieses dürre schmutzige übel riechende Äffchen, mit ihren falschen Brüsten – ein Verhängnis! Pardon!«

Gadamer bemerkte über **Max Scheler**: »Er war ein Liebhaber schöner Frauen, aber geheiratet hat er nur dreimal.«

Gadamer überliefert, dass **Husserl** einmal tief errötete, als ihm beim Besuch des Berliner Panoptikums eine Dame unverfroren zuzuwinken schien. Wie erleichtert war er, als er nach einigen Momenten laut feststellte: »Es ist eine Puppe ...«

Am Tag nach seiner Hochzeit lief **Ernst Bloch** mit seiner Braut eine Straße entlang, als er von einer Prostituierten mit »Hallo Ernst« gegrüßt wurde. Seiner äußerst misstrauischen Ehefrau erklärte er dies so: Er sei bereits am Tage vor der Hochzeit die Straße entlang gegangen, da sei er von ihr mit »Quo vadis, domine?« angesprochen worden. Verwundert darüber, dass eine Prostituierte lateinisch konnte, habe er sie ins Café eingeladen und ihr weitere lateinische und griechische Ausdrücke beigebracht.

Bloch genoss als Professor bei den Studentinnen einen zweifelhaften Ruf. Es ging das Gerücht, er habe eine Studentin aufgefordert, mit ihm zu schlafen. Seine

Frau Karola fragte nach, ob er wirklich eine Studentin danach gefragt habe. Bloch: »Eine? Alle habe ich gefragt.«

Wittgenstein bemühte sich sein ganzes Leben, seine Homosexualität zu kaschieren. Er ging nach Kriegsende an Orte, an denen Schwule waren, die Partner suchten. Es scheint ein ständiges Hin und Her bei Wittgenstein zwischen seinen homoerotischen Impulsen und seinen Schuldgefühlen gegeben zu haben. Der Philosoph schrieb seine Gefühle und Abenteuer in Codeschrift auf, aber veranlasste, dass die meisten dieser Mappen verbrannt wurden. Russell bemerkte über ihn: »Wittgenstein ist clever, aber schwul.«

Norman Malcolm erinnerte sich an die Worte, die **Wittgenstein** zu ihm sagte, bevor er eine längere Amerika-Reise antrat: »Egal, was Sie tun, bitte heiraten Sie um Gottes Willen keine Philosophin.«

Beim Fahrradfahren bemerkte **Bertrand Russell** plötzlich, dass er seine Frau nicht mehr liebte: »Ich hatte ein glückliches Jahr und viele Jahre Ehe-Gefängnis. Mir wurde auch bewusst«, erzählte Russell, »dass ich aus einer aristokratischen Familie stamme und sie nicht.«

Von seinem 50. Lebensjahr an betrieb **Russell** kaum noch Philosophie. Er engagierte sich gegen Krieg und durchlebte das Auf und Ab zahlreicher Ehen. Als er eines Tages beim Mittagessen neben dem Rektor eines angesehenen Mädchengymnasiums saß, fragte der ihn: »Warum haben Sie eigentlich mit der Philosophie aufgehört?« Russell: »Weil Sex mir mehr Spaß macht.«

Als **Jean-Paul Sartre** Simone de Beauvoir kennen lernte, machte er ihr die hinreißende Liebeserklärung: »Ich bin noch nie einem Menschen begegnet, der mir ebenbürtig war!«

Sartre begann eine Affäre mit einer Schauspielschülerin, die offensichtlich energisch küssen konnte. Sartre kommentierte: »Sie küsst mit der Kraft eines elektrischen Staubsaugers. Meine Zunge schmerzt jetzt noch.«

Zu der Zeit, als der Existenzialismus boomte, trugen die zahlreichen Anhänger Sartres schwarze Pullover, schwarze Hemden und schwarze Hosen. **Sartre** war eine öffentliche Person geworden. Als er 1947 öfter den verrufenen Nachtclub »Tabou« aufsuchte, stürzte sich eine Zeitung auf die Story und brachte einen Artikel darüber. Und so kam es, wie es kommen musste: »Der Existenzialismus feiert Orgien!«

Adorno mochte keinen Jazz. So beschrieb er seinen Eindruck dieser Stilrichtung: »Die Jazzmusik ist eine

Einheit von Kastrations- und Koitiermaschine, ein Ausdruck eines des von Impotenzängsten bedingten Zu-Frühkommens des Orgasmus.« Als er dies als Aufsatz an seinen Verleger schickte, kam ein Brief zurück, er solle sich lieber noch ein paar Schallplatten anhören.

»Sein Wahnsinn ist das Ergebnis schlecht ausgelebter Homosexualität«, notierte der Schulpsychologe über **Foucault**. Dieser war nämlich nachts auf den Gängen angetroffen worden, wie er mit einem Dolch bewaffnet einen Mitschüler durch das Schulgebäude jagte.

Als **Foucault** eine Party feierte und alle anfingen, ihrer Lust zu frönen (die meisten waren schwul), verabschiedete sich Robbe-Grillet, da keine jungen Mädchen für ihn vorhanden waren. Dabei schnauzte ihn Foucault an: »Ich habe dir doch schon immer gesagt, deine Sexualität ist verkehrt!«, worauf Roland Barthes verteidigend den Arm auf Robbe-Grillets Schultern legte und zu Foucault sagte: »Aber er ist doch wenigstens pervers.«

Foucault verschaffte seinem Geliebten eine Assistentenstelle an der Universität. Wutschnaubend wurde er von einem Kollegen gefragt, warum er eine andere Bewerberin nicht vorgezogen habe, die älter und mit mehr Titeln ausgestattet sei. Foucault gab kalt zurück: »Ich mag keine alten Jungfern.«

Auf einem Empfang wurde **Mortimer J. Adler** von einer aufdringlichen Dame zu einem Gespräch über Sophokles' Tragödien gedrängt. Dabei drückte sie ihr Unverständnis darüber aus, dass die Griechen solchen Abscheu vor Inzest verspürten. »Stimmt«, sagte Adler zynisch, »Inzest ist in Ordnung, solange eben alles in der Familie bleibt.«

Im Alter von 77 Jahren besuchte **Alfred Ayer** die Party des bekannten Modedesigners Fernando Sanchez. Als er gerade mit ein paar Bekannten sprach, stürzte ein Mädchen ins Zimmer und sagte aufgeregt, dass ihre Freundin im Nebenzimmer gerade bedrängt würde. Ayer lief in jenen Raum und sah Mike Tyson, wie er Naomi Campbell belästigte. Tyson brüllte, er solle verschwinden: »Weißt du nicht, wer ich bin? Ich bin der verdammte Boxweltmeister.« Ayer blieb kühl: »Und ich bin der ehemalige Professor für Logik der Universität von Wykeham. Offensichtlich ragen wir beide in unseren Disziplinen heraus. Warum sprechen wir nicht darüber.« Tyson war so verdutzt, dass sich Naomi Campbell aus seinen Händen winden konnte.

3. Von den Tücken des Alltags

Welche Abenteuer die Philosophen im Alltag erleben, wie sie ihren häuslichen Pflichten nachkommen und weshalb sie mit ihrem Körper so unglücklich sind

Aristoteles erzählte, dass eine Gruppe von Philosophieinteressierten den einsam lebenden **Heraklit** besuchte. Zu ihrer völligen Enttäuschung fanden sie ihn nicht nachdenklich auf einem Stein hockend vor, sondern der Philosoph stand in der Küche und machte sich gerade das Essen. Als die verdutzten Leute nicht wussten, wie sie sich verhalten sollten, sprach Heraklit zu ihnen: »Kommt rein, auch hier sind Götter!«

Mitten unter den Zuschauern der olympischen Spiele saß **Anaxagoras**. Aber etwas unterschied ihn von den anderen Schaulustigen. Diese waren wegen des heißen Sommerwetters nur leicht gekleidet. Anaxagoras saß lächelnd unter ihnen und trug einen dicken Ledermantel. Jedem, der verständnislos schaute, schenkte er ein Lächeln.

Doch plötzlich zogen düstere Wolken auf und ein sintflutartiger Regenschauer prasselte nieder. Jetzt war Anaxagoras der einzige, der richtig gekleidet war. Als Naturphilosoph kannte sich Anaxagoras auch mit dem Wetter aus.

Pythagoras hat einige Lehrsätze darüber hinterlassen, wie man sich im Alltag zu verhalten habe. Hier die lebensnotwendigsten:

(1) Du sollst Kinder zeugen.
(2) Du sollst den rechten Schuh zuerst anziehen.
(3) Wasche dich nicht im öffentlichen Bad, denn wer weiß, wie dreckig die anderen Leute sind.
(4) Rede nicht ohne Licht.
(5) Zeuge keine Kinder mit einer Frau, die Goldschmuck trägt.

Xanthippe bemerkte einmal, dass **Sokrates** trotz aller Schicksalsschläge, die Athen getroffen hatten, stets mit der gleichen Miene das Haus verließ, mit der er auch zurückkam. Nur selten verlor Sokrates die Fassung, beispielsweise als Xanthippe sich weigerte, im schäbigen Mantel des Sokrates zu einer öffentlichen Prozession zu gehen: »Siehst du«, warf er ihr vor, »du gehst nicht dorthin, um zu sehen, sondern um gesehen zu werden.«

Sokrates bereitete seinen Gästen oft nur ein schlichtes Essen. »Entweder sind die Gäste gut, dann wird ihnen das egal sein, sind es aber schlechte Leute, ist's mir egal.«

Platon stand oft vor dem Spiegel, nicht weil er eitel war, sondern weil er sehen wollte, wie sehr sich sein Gesicht durch seinen Lerneifer, die harte Arbeit und den Lauf der Zeit veränderte.

Platon lachte nie laut. Er soll eine Wohnung neben einer Schmiede mit der Hoffnung genommen haben, dass ihn der Lärm, wenn er beim Studieren versehentlich einschliefe, wieder wecken würde.

Aristoteles hielt einen anderen Trick parat, um sich selbst des Schlafes zu berauben. Er nahm nämlich, wenn er sich zur Ruhe legte, eine Eisenkugel in die Hand, unter der eine Schüssel mit Wasser aufgestellt war. Schlief er ein, fiel die Kugel mit lautem Spritzgeräusch ins Wasser.

Nachdem **Aristoteles** eines Tages krank geworden war, kam der Arzt zu ihm und teilte ihm mit, was er tun müsse, um wieder gesund zu werden. Der Philosoph wurde böse: »Behandle mich nicht wie einen Bauern oder Tagelöhner! Erkläre mir zuerst alle Zusammenhänge, erst dann wirst du einen gehorsamen Patienten haben!«

Chrysippos zählte Weizenkörner einzeln und warf sie, nachdem er sie gezählt hatte, zusammen. **Karneades**, der dabeistand, fragte ihn: »Wann wird eigentlich aus einzelnen Körnern ein Haufen?« Chrysippos schaute ihn an und sagte: »Ich höre auf zu zählen, schaue nach und dann ist da ein Haufen«, worauf Karneades erklärte: »Du kannst aufhören oder dich ins Bett legen und darüber schlafen, morgen werde ich dich wieder fragen, wann aus einzelnen Körnern ein Haufen wird.«

Ktesibius von Chalkis galt bei seinen Zeitgenossen als guter Philosoph. Leider war er das aber nicht. Weil jeder ihn reden hören wollte, wurde Ktesibius zu allen Gastmahlen eingeladen. Gefragt, welchen Nutzen man denn aus der Philosophie ziehen könne, antwortete er: »Nun ... Gratismahlzeiten!«

Diogenes war ein abgehärteter Typ. Im Sommer wälzte er sich im glühenden Sand, im Winter umarmte er eiskalte Statuen. Er aß rohes Fleisch und wandelte mit nackten Füßen durch den Schnee. Als er eines Tages ein Kind sah, das Wasser direkt aus den Händen trank, warf er wütend seine Trinkschale zu Boden: »Ein Kind ist mein Meister geworden!«

Jemand sagte zu **Diogenes**: »Zu leben ist schlecht.« Diogenes antwortete: »Nein, nur schlecht zu leben.«

Diogenes lief die Straße entlang und aß getrocknete Feigen. Da begegnete ihm Platon. Diogenes sprach: »Hier sind Feigen, greif zu!« Platon dankte und begann zu essen, darauf aber Diogenes: »Ich sagte zugreifen, nicht aufessen!«

Diogenes erhielt oft Schläge, wenn er die athenischen Bürger mit seiner frechen Art zu philosophieren belästigte. Gefragt, was man denn zum Philosophieren unbedingt brauche, antwortete er deshalb: »Einen Helm.«

Alexander der Große besuchte **Diogenes**, der gerade neben seiner Tonne lag und den Tag genoss. Alexander fragte ihn, ob er ihm etwas zu Gefallen tun könne, und Diogenes antwortete: »Ja, vor allem eins: Geh mir aus der Sonne.«

Diogenes bettelte eine Steinsäule an. Ein Zuschauer fragte verwundert, warum er das tue: »Ich übe mich in der Kunst, mir etwas abschlagen zu lassen.«

Eines Tages betrat **Diogenes** ein sehr schmutziges Badehaus. Nachdem er sich umgesehen hatte, sagte er: »Und wo baden die, die hier baden?«

Einmal wurde **Diogenes** gefragt, ob er einen Burschen oder eine Magd habe. Er verneinte. »Wer wird dich dann aus dem Hause tragen, wenn du tot bist?« Diogenes lachte: »Der, der das Haus möchte.«

Marc Aurel war Kaiser und Philosoph. Schon im Alter von zwölf Jahren schlief er, um sich abzuhärten, nur in seinen Mantel gehüllt auf dem Boden, bis sich die Mutter Sorgen um seine Gesundheit machte. Aber der junge Marc Aurel fand ein Hintertürchen. Er schlief zwar im Bett, deckte sich aber nie zu.

Marc Aurels Miene war stets versteinert, rührungsfrei, teilnahmslos, egal ob er traurig oder fröhlich war. So wenig fand der Kaiser Spaß an alltäglichen Vergnügungen, dass er sogar bei seinen Zirkusbesuchen las, Papierkram erledigte und Staatsprobleme besprach.

Ambrosius konnte etwas sehr Ungewöhnliches: Er las, ohne wie üblich die Worte laut zu sprechen. Für diese erstaunliche Leistung wurde er bewundert, aber auch kritisiert. Viele sagten, wer leise liest, der hat etwas zu verstecken.

Unter den wenigen Denkern, die zugeben, gestohlen zu haben, ist **Augustinus**. Als Jugendlicher zog er mit einer Bande Halbstarker durch die Gassen seiner Heimatstadt. Bitter reute den Philosophen später, dass sie einen mächtigen Birnbaum bis tief in die Nacht schüttelten. Erst als alle Birnen heruntergepurzelt waren, ließen sie von ihm ab. Sie wollten die Früchte nicht essen. Die Jugendlichen nahmen sie lediglich mit, um sie Schweinen vorzuwerfen.

In den Gassen von Mailand sah **Augustinus** zu der Zeit, als er noch ein ausschweifendes Leben führte, einen betrunkenen Bettler. Mildtätig warf er ihm ein Paar Münzen hin und ging weiter. Doch nach einigen Schritten brach Augustinus in Tränen aus. Ihm war bewusst geworden, dass der betrunkene Bettler mit dem bisschen Geld eine Zeit lang glücklich wäre, er aber trotz seines Vermögens dieses Glück nie erreichen würde.

Als Oberhaupt eines reichen Klosters besaß **Anselm** großen Einfluss. Der König kam eines Tages zu ihm und bat ihn um das Geld des Ordens. Anselm lehnte ab. Der König tobte wütend, doch der Philosoph sagte nur: »Es ist besser, du zürnst mir heute, als Gott dir morgen.«

Am Tag von **Thomas von Aquins** Doktorprüfung wachte der Philosoph mit unerträglichem Zahnweh und einer dicken Backe auf. Zudem konnte er vor Schmerzen kaum sprechen. Auch der herbeieilende Pater Reginald wusste keinen Rat. Da kniete sich Thomas auf den Boden, um eine Weile zu beten. Siehe da, der Zahn fiel plötzlich samt Wurzel aus dem Mund.

Mittelalterliche Denker wie **Thomas von Aquin** diktierten, was sie philosophierten, ihren Schreibern. Vorbereitung und Ablauf solcher Diktate gestalteten sich so: Zuerst betete Thomas eine Weile, dann bestellte er seine Schreiber zu sich. Während Thomas sprach, stand er immer wieder auf, lief zu einem Kruzifix und schaute Jesus fest ins Gesicht. Gelegentlich ging er auch zum Altar und lehnte sich darauf. Wenn die Inspiration trotzdem nicht kommen wollte, trat er ans Tabernakel und schlug seinen Kopf dagegen.

Thomas von Aquin hatte die Fähigkeit, sich in eine Art Trance versetzen zu können, besonders dann, wenn er nachdenken wollte. Auch bei Tisch konnte er minutenlang weggetreten dasitzen und in die Luft starren. Seinem Chefsekretär Reginald befahl er: »Egal, was passiert, störe mich auf keinen Fall dabei.« Als sich Thomas eine Knieverletzung zugezogen hatte, schnitt der Doktor mit einem Messer an seinem Knie herum, danach brannte er die Wunde mit einem heißen Eisen aus. Während der ganzen Zeit saß Thomas ungerührt da und schien zu überlegen.

Kurz vor seinem Tod wurde **Thomas von Aquin** sehr krank. Besorgt fragte ihn sein Arzt John de Guido, wie man denn seinen Zustand erleichtern könne. »In Frankreich habe ich einmal eine Sorte Fisch gegessen, Sardinen hießen sie, die möchte ich gern.«

Leider war in der bergigen Gegend Italiens dieser Fisch schwer zu finden. Trotzdem wurden Mönche ausgeschickt, um die Märkte abzusuchen. Wie durch ein Wunder hatte ein Fischer aus Terracina in einer Kiste einige Sardinen. Überglücklich brachte man sie Thomas. »Woher kommen die Fische denn?«, fragte Thomas neugierig. »Von Gott«, sagte Guido. Thomas daraufhin: »Dann werde ich sie nicht anrühren, um nicht als Schlemmer zu gelten.«

Meister Eckhart wohnte während seiner Zeit in Straßburg neben einer Baustelle, denn die Dominikaner hatten sich entschlossen, die Klosterkirche umzubauen.

Der ständige Baulärm drang in sein Zimmer, und er konnte vom Fenster aus die Arbeiten beobachten. In vielen seiner Schriften zu der Zeit erklärte er auffälligerweise seine Gedanken anhand von Gleichnissen über Bauleute.

Martin Luther und Philipp Melanchthon bekamen als Professoren an der Universität Wittenberg ein ordentliches Gehalt. Ihr Jahreseinkommen lag bei 300 Gulden. Im Vergleich dazu verdiente eine Magd 1½ Gulden im Jahr. Für diese 1½ Gulden konnte man sich beispielsweise sechs frische Kälber oder zwei Pflüge leisten.

Erasmus von Rotterdam versetzte einmal ganz Pisa in Angst und Schrecken. Seit seiner Jugendzeit war er Mitglied des Augustinerordens, der traditionell schwarze Kutten trug. Als Erasmus eines Tages Pisa besuchte, wichen alle zurück, ja versteckten sich vor ihm oder riefen: »Weg, weg!« Er lief aber einfach weiter, bis einige Männer auf ihn zukamen, ihn einkreisten und mit Stöcken verprügelten. Er ergriff die Flucht. Was er nicht wusste, war, dass die Aufseher der Pesthäuser in Pisa schwarze Kutten trugen.

In jungen Jahren war **Descartes** stets in Gefahr, seiner Spielleidenschaft zu erliegen. Das Problem für ihn lag darin, dass er meistens gewann. Als vorzüglicher Mathematiker berechnete er Gewinnchancen und erfolgreiche Spielstrategien. Wer könnte schon von einem

Spiel lassen, das man regelmäßig gewinnt? Um seine Leidenschaft zu beherrschen, zog sich Descartes zwei Jahre lang in eine Mietwohnung zurück, die er fast nie verließ.

Blaise Pascal war ein Genie, aber ein körperlich krankes. Jedoch profitierte er auch von seinen Qualen. Als Pascal eines Tages glaubte, er hätte mit der Mathematik abgeschlossen, schmerzte ihn ein Zahn: »Ich bekam plötzlich unerträgliches Zahnweh, das mich nicht schlafen ließ. Ich konzentrierte mich auf ein mathematisches Problem und der Schmerz war weg. Seitdem habe ich die Mathematik wieder betrieben.«

Im Jahre 1653 durchlebte **Pascal** eine depressive Lebensphase. »Ich hasse mich«, notierte er sich. Alles Essbare widerte ihn an. Er isolierte sich zunehmend von anderen. Was aber das Unbegreiflichste für seine Schwester Gilberte war: »Blaise macht ganz allein sein Bett, ohne Hilfe einer Bediensteten!« Kein Zweifel, Blaise hatte ein Problem.

Um nicht durch triviale Gedanken abgelenkt zu werden, trug **Pascal** einen Gürtel aus spitzen Nägeln rund um den Leib. Immer wenn er beim Nachdenken abschweifte, schlug er sich mit dem Ellenbogen auf den Gürtel. Diese Angewohnheit behielt Pascal auch gegen Ende seines Lebens bei, als er von einer Krankheit mit Schmerzen geplagt wurde.

Der Monarch gewährte **Thomas Hobbes** die höchste Ehre. Als der König eines Tages bei einer Kutschfahrt den Philosophen verträumt vor seinem Haus stehen sah, kam er auf Hobbes zu und zog höflich den Hut vor ihm. Der Monarch fragte, wie es ihm denn ginge. Die ganze Szene erweckte den Anschein, als sei nicht der König, sondern Hobbes der Ranghöhere, womöglich zu Recht, da Hobbes die politische Theorie für den absolutistischen Staat lieferte und so mehr für den Erhalt der Monarchie tat, als es jeder König könnte.

Obwohl **Spinoza** ein gutes Einkommen als Linsenschleifer hatte, lebte er zurückgezogen wie eine arme Kirchenmaus. Tagtäglich nahm er lediglich Milch, Suppe, Bier und etwas Butter zu sich. An besonderen Tagen gab es Rosinen, Butter und Hafergrütze. Er verließ kaum das Zimmer. Am liebsten schrieb er von zehn Uhr abends bis drei Uhr in der Nacht. Als sein Vermieter ihn darauf ansprach, sagte Spinoza: »Kennt Ihr das Bild einer Schlange, die sich in den Schwanz beißt? So soll auch meine Lebensführung sein.«

Wenn **Spinoza** ausging, war er immer gut angezogen: »An schlechter Kleidung erkennt man Dummköpfe«, sagte er immer. Trotzdem war Spinoza als Mensch bescheiden. Beispielsweise verbot er kurz vor seinem Tod, dass sein Name auf seine Werke gedruckt würde. Einem Freund lieh Spinoza einmal 200 Franken, doch dieser machte Bankrott und konnte ihm das Geld nicht zurückzahlen. »Jetzt muss ich meine Lebensführung einschränken«, lachte Spinoza, »ich habe Geld verloren, aber werde an Stärke gewinnen.«

Im Haushalt von **George Berkeley** zu leben, war nicht leicht: Er hatte die Angewohnheit, zwischen drei und vier Uhr nachts aufzustehen, seine Familie aus dem Schlaf zu reißen und zu ermuntern, Bass-Violine zu üben. Eigens zu diesem Zweck beschäftigte er einen italienischen Meister auf diesem Instrument, der sich wahrscheinlich mit ähnlicher Begeisterung um drei Uhr früh zum Violinenspiel begab, wie es Berkeleys Familie tat. Dass Berkeley selbst kein Ohr für Musik hatte, störte ihn dabei nicht weiter.

Berkeley pries Teer-Wasser in einer Schrift als Allheilmittel. Darin riet er, am besten norwegischen Teer zu verwenden, diesen im Verhältnis ¼ und ¾ mit kaltem Wasser zu vermischen und täglich davon mindestens einen halben Liter zu trinken. Je nach Geschmack könne man auch statt Wasser Blut verwenden. Dieses leckere Gebräu sei, wie Berkeley in seinem »Brief über Teer-Wasser« schreibt, ein Mittel gegen fast jede Krankheit.

Leibniz hat einen »Cocktail« erfunden, den er mit Vorliebe trank: Wein mit Kirschsaft vermischt und eine ordentliche Prise Zucker.

So selten ging **Leibniz** in die Kirche, dass er von den Leuten nur der »Glaubtnicht« (plattdeutsch: Lövenit) genannt wurde. Nur zur Zeit der Pest begab er sich einmal in die Kirche, weil ihm sein Kutscher gut zugeredet hatte.

Nachdem **Leibniz** wochenlang auf dem Stuhl gesessen hatte, um ein Werk fertig zu stellen, bekam er einen Bluterguss am Bein. Da drückte der Philosoph einfach Löschpapier auf die blutende Stelle. Doch die Schmerzen ließen nicht nach. Daraufhin legte sich Leibniz ins Bett, konnte aber sein Bein, ungeduldig wie er war, nicht still halten. Also spannte er es, auf seiner Matratze liegend, in einen großen Schraubstock – und am Ende war sein Bein gänzlich ruiniert.

David Hume, der ziemlich dick war, kochte leidenschaftlich gern. Besonders seine Schafsbouillon war perfekt. Gäste – unter anderem Benjamin Franklin – berichteten, dass es zum Nachtisch dreierlei selbstgemachte Sorten Eis gab.

Mit Lady Wallace ruderte der vollschlanke **Hume** auf einem See. Überraschend kam ein Sturm auf. Hume deutete an, dass sie bald Futter für die Fische wären. »Und wen fressen sie wohl als ersten?«, fragte Lady Wallace genervt. Hume daraufhin: »Die gierigen Fische mich, die Genießer Sie.«

Der wohlbeleibte **Hume** liebte es, üppig zu tafeln. Barde sagte über ihn: »Er ist der dickste Keiler in Epikurs Stall.«

Mit Lady Wallace zusammen besuchte **Hume** eine Predigt. Der Pfarrer sprach gegen den kursierenden Atheismus der Zeit. »Das ist auf Sie gemünzt«, flüsterte Lady Wallace ihm ins Ohr. Dann sprach der Pfarrer über den »Anführer aller Laster«. »Und das auf Sie«, sagte Hume lächelnd.

Ein Freund von **Hume** hörte, dass dem Philosophen vorgeworfen wurde, nicht alle seine Quellen korrekt zu zitieren: »Hören Sie«, sagte er, »David schreibt gemütlich auf dem Sofa liegend, während er die Beine hochlegt. Da kann man nicht erwarten, dass er, um nachzuschlagen, eine Unbequemlichkeit in Kauf nimmt.«

Eines Tages wollte der Skeptiker und Empirist **Hume** für seine Abendgesellschaft Wein aus dem Keller holen. Da er aber nur eine schwach leuchtende Kerze dabei hatte, fiel er in der Dunkelheit die Treppe hinunter. Ein Freund eilte herbei und half dem voluminösen Philosophen wieder auf die Beine: »Ich habe es dir ja gesagt, David, von Menschen gemachtes Licht reicht nicht aus, um die Welt zu erhellen!«

Humes neue Wohnung in London lag eigentlich am St. Andrew Platz. Ein Witzbold schrieb mit Kreide an die Wände des Hauses »St. David Street«. Die Köchin, die wohl verstand, dass die Anspielung auf Humes Vornamen und der Titel »Sankt« für den bekennenden Atheisten als Spott gemeint war, rannte zu ihm und erzählte es. »Ach was, es sind schon schlechtere Menschen zu Heiligen gemacht worden«, lachte er. Danach gab er seine genaue Adresse immer mit dem Zusatz »St. David Street« an.

Voltaire liebte Kaffee so sehr, dass er täglich zwischen 50 und 72 Tassen trank. Als der Schauspieler Le Kain bei ihm zu Gast war, trank Voltaire während des Essens zwölf Tassen. Sein Arzt sagte: »Monsieur, Kaffee ist ein langsam wirkendes Gift.« Voltaire konterte: »Langsam tötend muss dieses Gift wohl sein, weil ich es bereits 70 Jahre genieße.«

Die Gattin von Friedrich dem Großen, Marie-Christine, war enorm geizig. Einem Gast hatte sie einmal als Menü eine einzige eingelegte Kirsche serviert. Ihr königlicher Gemahl war ähnlich veranlagt. Er hatte einen Wutausbruch, als er die Abrechnung für eine erhebliche Anzahl von Seifeneinläufen bekam, die sich **Voltaire** gegönnt hatte. Die kosteten immerhin zwei Kreuzer das Stück.

Obwohl **Voltaire** eine lange Zeit in Deutschland weilte, bemühte er sich nicht darum, Deutsch zu lernen.

»Es reicht mir, genug Deutsch zu können«, betonte er, »um mit meinen Pferden reden zu können.«

Voltaire wurde mit dem Handel von Aktien sehr reich, und er genoss alle Vorzüge davon. Seinem Gegenspieler Alexis Piron schrieb er einmal herablassend: »Schade eigentlich, dass Sie nicht reich sind.« Dieser antwortete überraschend unflätig: »Ach, sch... drauf.«

Über Ärzte dachte **Voltaire** gering. »Medizin ist, Medikamente, die man nicht kennt, in einen Körper, den man nicht versteht, zu schütten«, pflegte er zu sagen. Als Voltaire die Blattern hatte, ersann er sich eine vorzügliche Heilmethode: Er nahm acht Dosen Brechweinstein und trank 200 Liter Limonade.

Zwar schlief **Voltaire** nur vier bis fünf Stunden am Tag, blieb aber bis zu sechzehn Stunden im Bett liegen. Als der Marquis d'Argens ihn besuchte, lag er wie üblich im Bett und beschäftigte sich mit seiner Gesundheit. Voltaire sagte: »Ich vermute, ich habe vier tödliche Krankheiten.« Der Marquis begutachtete den eigentlich gesund aussehenden Voltaire: »Sie haben aber leuchtende Augen, wie können Sie denn eine tödliche Krankheit haben?« Voltaire brüllte wie ein schlechter Schauspieler: »Ja wissen Sie denn nicht, dass an Skorbut Erkrankte mit leuchtenden Augen sterben?«

Voltaires Verhältnis zur Religion war ambivalent. Zwar erbaute er, finanziert aus seiner Tasche, eine Kirche, veranlasste aber mit den Worten »Schafft mir diesen Galgen bloß fort!«, dass ein großes Kreuz, welches auf dem benachbarten Friedhof gegenüber seiner Wohnung stand, entfernt wurde.

Die politischen Ideen von **John Locke** beeinflussten das neu entstehende Amerika. Leider waren dort auch seine Erziehungstheorien sehr populär. Locke riet dazu, Kleinkindern Eisbäder zu geben. Sie sollten (zur Abhärtung) dünnste, wasserdurchlässige Schuhsohlen tragen. Streng verbot er, Kindern Früchte zum Essen zu geben. Stattdessen sollten die besorgten Eltern ihren Sprösslingen ein warmes Bier vorsetzen.

Adam Smith war bekannt für seine Geistesabwesenheit. Er spazierte gern, dachte nach und redete dabei mit sich selbst. Einmal ging Smith zwölf Meilen weit. Er gelangte bis ins Dörfchen Dunfermline und wurde sich erst dann bewusst, wie weit er von zu Hause entfernt war.

Im Jahre 1802 entließ **Immanuel Kant** seinen Diener Lampe. Somit war er zwar aus den Augen, aber nicht aus dem Sinn. Er schrieb sich deswegen auf einen Notizzettel: »Erinnere dich daran, dass du Lampes Namen vergessen willst!«

Als **Kant** in eine neue Wohnung umzog und aus dem nahe gelegenen Gefängnis das Singen der Gefangenen zu hören war, beschwerte er sich darüber. Immerhin erreichte er, dass die Insassen nur noch bei geschlossenem Fenster singen durften.

Kant nörgelte immerzu. Als Kinder Steine über seinen Gartenzaun warfen, holte er sofort die Polizei. Doch der Polizist sagte ihm, dass man nichts machen könne, solange kein Schaden angerichtet worden ist. »Muss ich erst tot sein, bevor ihr also handelt«, meckerte Kant. Besonders beim Essen in der Gaststätte schien er immer unzufrieden zu sein und wusste alles besser. Seine Freunde rieten ihm, er solle doch seinem Hauptwerk *Kritik der reinen Vernunft* noch einen Ergänzungsband »Kritik der Kochkunst« folgen lassen.

Reinhold Bernhard Jachmann, einer der ersten Biografen **Kants,** erzählte folgende seltsame Geschichte. Der Diener von Kant stieß versehentlich ein Glas um, das in tausend Stücke zersprang. Der Philosoph blieb ruhig, gab aber die Anweisung, sämtliche Scherben aufzusammeln und sie auf einen Teller zu legen. Kant erklärte dann Jachmann, er wolle das Glas jetzt begraben, damit niemand an den Scherben zu Schaden käme. Sie gingen in den Garten, suchten eine Weile und fanden an der Gartenmauer schließlich eine Stelle, an der sie ein Loch gruben. Sorgfältig legte Kant das zerbrochene Glas hinein und schüttete Erde darauf.

Kant war der erste Philosoph, dessen Kopf in Massenproduktion ging. Sein Porträt verzierte nämlich Blumenvasen, die in viele Haushalte geliefert wurden.

Beim Nachdenken saß **Kant** gern am Ofen, während er durch das Fenster einen entfernt stehenden Turm betrachtete. Die Pappeln in Nachbars Garten waren mit der Zeit so hoch gewachsen, dass ihm der Blick darauf genommen wurde. Sofort beschwerte sich der Philosoph beim Nachbarn mit den Worten: »Ich wünsche kürzere Pappeln!« Der Nachbar war gutmütig genug, die Baumspitzen zu kappen.

Zufällig sah ein bekannter Graf vor seinem Haus **Kant** bei einem Spaziergang. Freudig lud er den Philosophen ein, in seinen Wagen zu steigen, damit sie zusammen eine Fahrt unternehmen könnten. Kant wagte nicht abzulehnen. In der Kutsche verließen sie die Stadt. Sie trabten bei einem zähen Gespräch über die Felder. Der Ausflug wurde länger und länger, ja er zog sich den ganzen Tag hin. Als Kant am Abend übellaunig nach Hause kam, notierte er sich sofort in sein Notizbuch: »Neue Lebensmaxime: Nie wieder in einen Wagen steigen!«

Wie wichtig ihm Glück sei, wurde **Kant** gefragt. »Glück?«, sagte er, »das ist kein Ideal der Vernunft, sondern lediglich eins der Einbildung!«

Obwohl **Kant** ein Gesundheitsfanatiker war, ging ihm das Verständnis für gesunde Ernährung ab. Zu seinen üblichen Speisen (Fleisch, Obst und Haarnudeln) aß er jedes Mal ein Töpfchen Senf. Über dem Gemüse thronte eine dicke Butterschicht. Am Ende der Mahlzeit musste ein großer Teller mit geriebenem Käse gereicht werden. Seine Lieblingsspeise war Kabeljau. Wenn Kant Fleisch aß, zerkaute er es nur, saugte den Saft aus und legte es wieder auf den Teller. Da dies natürlich wenig appetitlich aussah, schob er in Gesellschaft, peinlich berührt, Brotstücke darüber.

Obwohl dem Tode nahe, empfing **Kant** seinen Arzt in aufrechter Haltung. Dem bestürzten Arzt gegenüber erklärte er: »Ich habe das Gefühl für Humanität nicht verloren.«

Der schwäbische Dichter Waiblinger, der **Schelling** sehr verehrte, machte den Fehler, bei dem Philosophen unangemeldet zu erscheinen. Da die Haustür wie immer nicht abgeschlossen war, konnte er ins Haus. Etwas schüchtern durchquerte er die Gänge, bis er plötzlich um die Ecke bog und direkt vor Schelling stand. Rasch stellte sich Waiblinger vor. Schelling donnerte ihn an, am frühen Nachmittag wiederzukommen. Der Dichter zog es vor nicht mehr aufzutauchen.

Zu Hause trug **Hegel** bevorzugt sein Nachthemd. Da er nicht gerne einen kalten Kopf hatte, setzte er sich einen seltsam aussehenden, aber bequemen Hut auf. Es gibt sogar ein Bild von Julius L. Sebbers, das den Philosophen so darstellt. Hegel mochte das Gemälde aber nicht besonders. Seine Frau stichelte: »Weil es ihm so ähnlich ist.«

Ein Studienkollege, der Jurist Zimmer, beschrieb **Hegel**: »Hegel? Hegel war ein kleiner griesgrämiger Mann, mit hüstelnder Redeweise, der niemals lächelte.«

Eine Gräfin saß bei einer Tischgesellschaft neben Felix Mendelssohn. Sie fragte: »Wer ist dieser bemerkenswert dumme Mann dort?« Mendelssohn antwortete lächelnd: »Dieser bemerkenswert dumme Mann ist der Philosoph **Hegel**.«

Hegel versuchte einmal, den Unterschied zwischen »abstrakt« und »konkret« zu erklären. Er griff dabei zu Beispielen aus dem alltäglichen Leben. »Frauen, die das Rad mit Rosen bekränzen«, sagte Hegel, »auf dem ein Mörder hingerichtet werden soll, denken abstrakt. Eine alte Frau, die den abgeschlagenen Kopf eines Mann sieht, auf den die Sonne scheint, und sagt ›Wie schön die Lichtstrahlen den Kopf erhellen‹, denkt konkret.«

Das Lieblingsbuch von **Johann Gottlieb Fichte** aus seiner Kinderzeit handelte von dem germanischen

Helden Siegfried. Tag und Nacht las er darin und wollte gar nichts anderes mehr tun, weder lernen noch spielen. Daher beschloss er, es loszuwerden. Fichte warf es in einen Fluss, um sich selbst von diesem Tyrannen zu befreien.

Arthur Schopenhauers Tagesablauf war streng reglementiert: Gegen sieben Uhr stand er auf, wusch sich mit einem kolossalen Schwamm und steckte den Kopf mit offenen Augen unters Wasser, weil er glaubte, so seinen Sehnerv stärken zu können. Während des Morgens arbeitete der Philosoph am Schreibtisch. Vor dem üppigen Mittagessen wurde eine Stunde Flöte gespielt, mittags geruht, dann spazieren gegangen, und abends aß er wieder ausgiebig. Seine Mahlzeiten nahm Schopenhauer immer in Gasthäusern ein. Die Esswut von Schopenhauer war enorm, so dass sich so mancher Tischnachbar zu dem ausführlich speisenden Philosophen umdrehte. »Herr Doktor, Sie essen ja wirklich für zehn«, soll ein Tischnachbar zu ihm gesagt haben. »Ja freilich«, habe er geantwortet, »aber ich denke auch für zehn!«

Der Pudel von **Schopenhauer** hörte auf den schönen Namen »Atma« (»Weltseele«), aber eigentlich nannte er ihn immer nur »Butz«. Das Gekläffe des kleinen Hundes drang so penetrant durch die Wände, dass Schopenhauer durch die Beschwerden der anderen Hausbewohner ausziehen musste. Glücklicherweise fand der auf tägliche Routine abgestimmte Schopenhauer gleich im Nachbarhaus ein Zimmer.

Lebenslang fürchtete **Schopenhauer**, dass Einbrecher sein Geld stehlen könnten. Deswegen versteckte er sein Geld so gut in der Wohnung, dass man es nach seinem Tod beinahe nicht an die Erben auszahlen konnte, weil es wie vom Erdboden verschluckt war. Die Wertpapiere hatte er nämlich mit der irreführenden Aufschrift »Arcana medica« (Geheimmittel) versehen, das Bargeld in alte Briefe und Schreibhefte gesteckt, ein Goldstück entdeckte man erst, als man Schopenhauers Tintenfass hob.

Kurz vor seinem Tod erzählte **Schopenhauer**, wie sehr er den Mann beneidet habe, der auf den Schienen der städtischen Verbindungsbahn pfeifend entlang marschierte. Der Philosoph fragte ihn: »Haben Sie nicht die Warnungstafel gesehen, die das verbietet?«; »Wenn ich so ängstlich wäre wie Sie, hätte mich längst der Teufel geholt«, gab der Mann zurück. Kleinlaut sagte Schopenhauer: »Und mich, wenn ich es nicht wäre.«

Auguste Comte, Philosoph und Vater der Soziologie, litt unter Phasen geistiger Verwirrung. Als er von zu Hause weglief, suchte ihn seine Frau. Sie fand Comte am Ufer der Seine, in die er hineinstarrte. Als seine Frau näher kam, packte er sie und wollte sie ins Wasser zerren. Comte konnte nicht schwimmen, glaubte aber, er würde nicht ertrinken. Diese Erfahrung hätte er gern mit seiner Frau geteilt. Einige Wurzeln am Flussufer, an denen sich die Frau festhalten konnte, retteten ihnen das Leben.

Comte verbrachte einige Zeit im Irrenhaus. Dort wurde er mit kalten Bädern und Aderlässen behandelt. Nach einem Jahr entließ ihn der Arzt mit dem Aktenvermerk »N. g.« (»non guerit« – nicht geheilt). Allerdings besserte sich sein Zustand trotzdem einige Zeit später. Mutig bereit, sich mit sich selbst auseinanderzusetzen, schrieb der Philosoph ein Buch über Wahnsinn und Irrtum.

»Der Mensch ist, was er isst«, schrieb **Ludwig Feuerbach** bei einer Besprechung eines Gesundheitsratgebers. Er ahnte nicht, dass es dieser Satz zum geflügelten Wort bringen würde. Allerdings sah er auch nicht voraus, dass er von seinen Zeitgenossen dafür als ein Materialist von der schlimmsten Sorte verspottet werden würde.

Feuerbach erhielt am Anfang seiner Dozentenzeit in Erlangen (eine Stadt, die er als »pietistische Mistpfütze« bezeichnete) kein staatliches Gehalt. Er war arm. Von was er sich den ganzen Tag ernähre, wurde er gefragt. »Ich konsumiere«, sagte er, »nur Wasser, Bier und Rettiche.«

Als Student hatte **Karl Marx** den Vorsitz des »Trierer Tavernen Vereins«, eine Vereinigung von 30 Studenten mit dem Ziel, sich tüchtig zu betrinken. Eines Tages geriet er mit einem der Studenten in einen Streit, der in einer Duellforderung endete. Karl kaufte sich einen Säbel und begab sich zum Kampfplatz. Glück für ihn, er zog sich lediglich eine Wunde über dem Auge zu. Der Vater, der von all dem hörte, schnaubte: »Sohn, philosophieren und duellieren sind zu unterscheiden!«

Marx war ein passionierter Zigarrenraucher. Er äußerte, dass die Einnahmen des Verkaufes seines Hauptwerkes *Das Kapital* nicht annähernd die Ausgaben für seine Zigarren deckten.

Als **Friedrich Engels** sechs Jahre alt war, zeigte ihm sein Vater, ein reicher Besitzer einer Textilfabrik, das Werk. Dort arbeiteten viele Kinder, die nur wenig älter waren als er selbst. Zu seinem Vater sagte Friedrich nichts, doch heimgekehrt, fragte er die Mutter: »Werde ich auch in der Fabrik arbeiten?« – »Nein, denn sie gehört glücklicherweise uns«, antwortete die Mutter. »Und die Kinder?«, fragte er wieder. »Darüber solltest du dir nicht den Kopf zerbrechen, niemand kann die Welt verändern.« Verstört ging der Junge ins Bett. Aber schon am nächsten Tag stand er wieder vor der Mutter und sagte: »Sagen wir mal, ich will doch die Welt verändern, was dann?!«

Wenn **Sören Kierkegaard** als Kind den Vater fragte, ob er zum Spielen hinausgehen dürfe, wurde ihm das meist verboten. Stattdessen nahm ihn der Vater mit auf den Dachboden und spazierte dort mit ihm hin und her. Dabei erzählte er von Bergen und Seen, Tälern und Flüssen, die es angeblich zu sehen gab. Die Wirkung auf die Fantasie des Knaben war so stark, dass sich Sören hinterher meist erschöpft niederlegen musste.

In der Schule durfte **Kierkegaard** keine Stiefel, sondern nur Schuhe und dicke dazu gehörende Socken aus der väterlichen Textilfabrik tragen. Die Mitschüler gaben ihm deswegen den Spitznamen: »Socken-Sören«.

Kierkegaard war ein großer Bücherwurm. Er kaufte sich einmal ein Buch mit dem Titel *Die Juste-Milieus in der deutschen Philosophie gegenwärtiger Zeit.* »Hast du es denn gelesen?«, fragte ein Freund. »Nein, noch nicht«, antwortete Kierkegaard, »allein der Titel ist so interessant, dass ich mich schon Monate damit auseinandersetze.«

Um nachzudenken und um Menschen zu treffen, ging **Kierkegaard** mehrere Stunden täglich spazieren. Leuten, denen er dabei begegnete, reichte er den Arm. So konnte man mit dem großen Philosophen wandeln. Lustige und tiefsinnige Gespräche wechselten sich ab. Der Pastor Vilhelm Birkedal, der öfter mit Kierkegaard spazieren ging, bemerkte nüchtern: »Ich glaube, er will mich nur aushorchen und psychologische Experimente mit mir machen.«

Kierkegaard lebte zurückgezogen und einsam. Hin und wieder sah man das Zimmer des Philosophen hell erleuchtet und festlich geschmückt. Da er fast niemanden kannte, gab er einfach eine Party und plauderte mit fiktiven Gästen, die nur in seinem Kopf anwesend waren.

Thomas Carlyle vertraute das Manuskript des Werkes *Die französische Revolution* **John Stuart Mill** an. Unglücklicherweise hielt es seine Dienerin für Abfallpapier, woraufhin sie das ganze Manuskript ins Feuer warf. Völlig aufgelöst musste Mill seinem Freund das Malheur berichten. Seine Reaktion: »Ist schon in Ordnung, Mill.«

Als Mill gegangen war, sagte Carlyle zu seiner Frau: »Wie sehr doch Mill zerknirscht ist. Gut, dass ich ihm nicht gezeigt habe, was das für eine schreckliche Katastrophe für mich ist.« Carlyle musste alles noch einmal schreiben!

Elisabeth Förster-Nietzsche erzählt, dass **Nietzsche** (als Kind ›Fritzchen‹ genannt) nach dem Unterricht seelenruhig im strömenden Regen nach Hause ging, während seine Mitschüler nach Hause rannten. Seine Mutter rief ihm von weitem zu: »So lauf doch nur, Fritzchen!« Wegen des strömenden Regens konnte sie seine Antwort nicht hören.

Als die Mutter dem durchnässten Fritzchen deswegen Vorwürfe machte, sagte Friedrich ernsthaft: »Aber, Mama, in den Schulgesetzen steht, die Knaben sollen beim Verlassen der Schule nicht springen und laufen, sondern ruhig und gesittet nach Hause gehen.«

Äußerst begeistert war **Nietzsche** von Haschischöl, das er von einem holländischen Kaufmann erstand. Nachdem er einige Tropfen in einem Wasserglas konsumiert hatte, bekam er einen heftigen Lachanfall und rollte auf dem Teppich hin und her. Er sagte darauf: »Wenn man von unerträglichem Druck loskommen will, so hat man Haschisch nötig.«

1879 diagnostizierte **Nietzsche** bei sich selbst eine schwere »Basileophobie«, die aus »Angst und Scheu vor dem schlechten Wasser und der schlechten Luft« entstand. Was ist eine Basileophobie genau? Die Angst vor der Stadt Basel, wo er lebte und arbeitete.

Nach seinem Rücktritt als Professor im Alter von 35 Jahren (und einer Jahresrente von 3000 Franken!) zog **Nietzsche** eine Weile von Ort zu Ort. Seine Postadresse gab er mit »Friedrich Nietzsche, ehemals Professor, jetzt herumirrender Flüchtling« an.

Da **Nietzsches** Handschrift fast unleserlich war, kaufte er sich als einer der ersten eine Frühform der Schreibmaschine, die so genannte »Schreibkugel«, die der dänische Pastor Hansen erfunden hatte. Recht schnell aber verzichtete er auf das Stück Moderne wieder. Seine Begründung, die er seinem Sekretär Heinrich Köselitz gab, war erstaunlich: »Sie haben recht – unser Schreibzeug arbeitet mit an unseren Gedanken.«

Gottlob Frege wanderte gern. Einmal jährlich von Jena an die Ostsee. Dabei trug er alte Wanderkleidung; auch sein Hund, der ihn stets begleitete, gab ihm den Anschein eines Landstreichers. Wenn er in eine Herberge kam, wurde er oft wegen seines Äußeren abgewiesen. Frege sagte dann meist: »Ist denn Post für Herrn Geheimrat Frege gekommen?« Siehe da, es war dann doch noch ein Zimmer frei.

Frege war ein Hundenarr, der lieber zusammen mit Marktweibern in der dritten Klasse des Zuges saß, als seinen Vierbeiner zu Hause zu lassen. Seine Nachbarin hatte auch einen Hund. Beide Tiere gerieten eines Tages in einen Streit. Während Frege unentschlossen daneben stand, versuchte die Nachbarin die Hunde mit einem gehörigen Schlag mit dem Regenschirm zu trennen – und traf mit voller Wucht Frege. Dieser wurde zwar rot im Gesicht, blieb aber Gentleman und schwieg.

Das Arbeitszimmer von **Frege** lag neben dem Kinderzimmer seiner Nachbarn, der Familie Schön. Als Otto, der Junge, eines Tages wegen einer schlimmen Erkältung im Bett bleiben musste, klopfte Frege an die Tür: »Entschuldigen Sie, ist Otto denn krank? Ich kann bei der Ruhe nicht arbeiten.«

Hans-Georg Gadamer promovierte bei **Nicolai Hartmann**, der ihn freundlich duzte. Doch seitdem sich der Philosophieprofessor ein Zeiss-Fernrohr gekauft hatte, nervte er seinen Schüler unentwegt: »Ach Hans-Georg, wollen wir nicht ein bisschen Sternchen begucken?«

Als junger Student erhielt **Edmund Husserl** ein Fernglas der Firma Zeiss geschenkt. Beim Durchsehen fiel ihm eine Trübung der Linsen auf. Husserl schickte das Fernglas ein und beschwerte sich. Er erhielt zur Antwort, dass »keinem der geschulten Prüfer der Fehler aufgefallen sei«. Und weiter: »Kommen Sie zu uns, junger Mann, ihre Zukunft ist gesichert.«

Von seiner Kindheit erzählte **Husserl** gern die Anekdote von einem Klappmesser, das er geschenkt bekommen hatte. Da es ihm nicht scharf genug schien, schliff er es. Doch war es nie scharf genug, also schliff er weiter, bis die ganze Klinge weg war. »Und so«, fügte Husserl hinzu, »verlief auch mein ganzes Leben.«

Nicht nur Nicht-Philosophen fällt es schwer, **Husserls** Werke zu lesen. Husserl gestand über seine Schriften: »Ich verstehe sie selbst nur in Zeiten geistiger Frische und klarer Besonnenheit. In Zeiten der Überarbeitung verstehe ich sie nicht.«

Einer von **Moritz Schlicks** Lieblingssätzen, den er immer wieder gern wiederholte, war: »In der Lebenskunst sind wir alle Stümper.«

1922 baute sich **Heidegger** in Todtnauberg eine rustikale Holzhütte. Die Nachbarn wunderten sich, dass der Bewohner angeblich ein Philosoph sein sollte. Ein Augenzeuge berichtet: »Ich sehe ihn immer noch, den jungen Mann, wie er mit dem roten Jäckchen, mit den kurzen Hosen die Milchkanne vom Bauernhof hinauftrug.«

Heidegger wurde darauf hingewiesen, dass in seiner Philosophie viel vom Menschen, aber nie von den Träumen der Menschen die Rede sei. Auf die Frage, worin die Ursachen lägen, sagte Heidegger: »Ich bin ein schlechter Träumer.«

Für Gäste machte **Heideggers** Frau eines Tages einen Kuchen, der aber misslang. Erklärend wollte sie den Grund für den Fehlschlag berichten: »Eigentlich hätte der Kuchen ...«. Da stand Heidegger auf und verließ wütend den Raum. Er konnte es nicht ertragen, dass einer der wichtigen Begriffe seiner Philosophie, »das Eigentliche«, derart herabgewürdigt wurde.

Während der Nazizeit musste **Ernst Bloch** nach Amerika emigrieren. Er verspürte aber nicht die mindeste

Notwendigkeit, Englisch zu lernen, da sich so viele deutsche Auswanderer in New York befanden. Dafür wurde er von Hanns Eisler heftig kritisiert. Bloch schlug ihm eine Wette vor: »Ich werde mit dem ersten, der uns entgegenkommt, Deutsch sprechen und es wird kein Problem geben.« Allerdings trafen sie einen Afro-Amerikaner, doch Bloch versuchte trotzdem sein Glück und fragte ihn nach dem Weg zum Time Square: »Doa müassent's nuar gradaus gehn«, antwortete er im bayrischen Dialekt. Er hatte mehrere Jahre in München in einem Theater Zigaretten verkauft.

Einer von **Jaspers'** Studenten sollte um 11 Uhr in die Sprechstunde kommen, aber er verspätete sich ein bisschen. Der Philosoph empfing ihn an der Tür mit der Uhr in der Hand: »Sie sind drei Minuten zu spät. Die können Sie nie wieder aufholen.«

Ein Reporter besuchte den hoch in Jahren stehenden **Jaspers,** um mit ihm ein Interview zu machen. Jaspers, der lebenslang lungenkrank war, empfing den Journalisten liegend mit schlimmem Husten und Zuckungen im Gesicht. Nach dem Anfall lächelte Jaspers: »Wissen Sie, man muss krank sein, um alt zu werden.«

Jaspers' Frau kümmerte sich rührend um den chronisch kranken Jaspers. Manchmal wusste sie sich ihm gegenüber recht barsch zu behaupten: »Karl«, rief sie dann »du willst jetzt liegen!«

Am ersten Schultag an der Linzer Realschule betrat der junge **Ludwig Wittgenstein** das Klassenzimmer. Er blickte sich um und stellte fest, dass in der Schulklasse hauptsächlich arme Arbeiterkinder waren. Ludwig hielt die Luft an, dann sagte er: »Mist!«

Wittgenstein über seinen Alltag: »Morgens gehe ich voller Hoffnung an die Arbeit, abends beende ich sie voller Verzweiflung.«

Einmal trieb **Wittgenstein** einen Möbelverkäufer fast in den Wahnsinn, da er jedes Möbelstück, das ihm gezeigt wurde, mit »Nein – widerwärtig!« kommentierte. Am Ende kaufte Wittgenstein nichts. Er konnte nämlich keine Möbel mit den geringsten Schnörkeln ertragen.

Während seiner Zeit als Volksschullehrer versuchte **Wittgenstein,** mit zwei seiner Kollegen ein Trio von Mozart einzuüben. Wittgenstein – an der Klarinette – ließ die Mitspieler proben und proben, pausenlos. Die Spieler, Rupert Kollner und sein Kollege Georg Berger, ärgerten sich mächtig darüber. Sie begannen eine Tanzmelodie zu spielen. Wittgenstein brüllte wütend »Krautsalat! Krautsalat!« und ging.

Bei einem Nachtspaziergang mit Norman Malcolm zeigte **Wittgenstein** auf die Kassiopeia. »Die Sterne zeigen ein W wie Wittgenstein.« – »Es könnte auch ein umgekehrtes M sein«, wagte Malcolm einzuwenden. Mit feierlichem Ernst erklärte Wittgenstein: »Sie irren sich.«

Wie **Wittgenstein** seine Wohnung säuberte? Nicht wie andere Leute ... Er warf überall nasse Teeblätter auf den Boden, die den Staub aufsaugen sollten. Am Ende kehrte er die Blätter einfach zusammen.

Maurice Drury, Freund und Arzt von **Wittgenstein**, besuchte den Philosophen gegen die Mittagszeit, da sie sich zum Essen verabredet hatten. Wittgenstein sagte: »Warten Sie einen Moment, bis ich hiermit fertig bin«, und schrieb wortlos zwei Stunden weiter.

Von seinem Freund Norman Malcolm lernte **Wittgenstein** den Slangausdruck »Hot Ziggety!«, der eigentlich in Kansas gebräuchlich war. Er hatte die Angewohnheit, wenn ihm etwas Leckeres serviert wurde, »Hot Ziggety!« zu rufen, was aus dem Mund des Philosophen recht absonderlich klang.

John Dewey lebte nach seiner Pensionierung auf dem Land, mit Häuschen und einem kleinen Hof. Seinen Nachbarn in Long Island verkaufte der amerikanische Philosoph Eier und Gemüse. Als Dewey eines Tages im lokalen Kulturverein einen Vortrag über Philosophie hielt, sagte eine Hörerin zu ihrem Nachbarn:

»Also ich kann mir nicht helfen, der sieht echt aus wie unser Eierlieferant.«

Dem noch jungen **Bertrand Russell** sagte man, dass Engel über ihn wachten, während er schliefe, die aber wegfliegen würden, sobald er die Augen öffnete. Clever wie Bertrand war, öffnete er am nächsten Tag einfach die Augen nicht. Er griff mit einer plötzlichen Bewegung nach den Engeln – leider erfolglos.

Russell verheiratete sich und seine Frau bekam ein Baby. Er schrieb diese Neuigkeit an Wittgenstein: »Am Anfang sah es aus wie Kant, doch allmählich ähnelt es einem Baby.« Und: »Es ist erstaunlich, wie sehr man ein Ding lieben kann, das nur durch Gier und Magenknurren angetrieben wird.«

Als **Russell**, der berühmte Atheist, seinen Sohn in eine bigotte Schule schickte, spielten die Schüler ein Spiel, dessen Verlierer alle Kleider ausziehen musste. Es traf Russells Sohn. Als der Lehrer den nackten Jüngling sah, rief er: »Oh mein Gott«; worauf der Junge kühl bemerkte: »Es gibt keinen Gott.«

An der Anglo-Norse-Society sprach **Russell** in Anwesenheit vieler europäischer Diplomaten über die Zukunft Europas nach der Atombombe. Er entwarf dabei ein äußerst düsteres Bild. Der ehemalige britische Botschafter Sir Hughes Knatchbull-Hugessen blickte Sir Laurence an und sagte aufgewühlt: »Nun, nach dieser Rede bleibt uns wohl nichts anderes übrig, als uns zu betrinken und Schaufenster einzuwerfen.«

Der 95-jährige **Russell** gab folgende Gründe für sein langes Leben an: »Ich esse und trinke wann ich will, gehe zu Bett, wenn ich müde bin und tue absolut gar nichts allein der Gesundheit wegen.«

Als **Sartre** eines Tages, abgebrannt wie er war, in einem billigen Hotel abstieg und abends durch die Gänge spazierte, hielt ihn der bullige, dumme Nachtportier für einen Dieb. »Wer ist da?«, rief er. Sartre suchte sicherheitshalber das Weite. »Ich schloss mich vor diesem Menschen in der Toilette ein«, erzählte Sartre, »und las, bis er weg war, Nietzsches Gedanken zum Übermenschen.«

Gegen Ende seines Lebens litt **Sartre** an Inkontinenz. Gefragt, ob ihm das nicht peinlich sei, sagte er: »Im Alter muss man bescheiden werden.«

Erstaunt stellte **Sartre** einmal fest: »Die zehn Gebote Gottes enthalten 279 Wörter, die amerikanische Unabhängigkeitserklärung 300 Wörter, die Verordnung der europäischen Gemeinschaft über den Import von Karamellbonbons aber exakt 25911 Wörter.«

Sartre rauchte viel Pfeife. Oft machte er sich Sorgen um seine Gesundheit: »Die werden mir noch die Beine abschneiden.« Dann nach einer Pause: »Ach, meine Beine, gewiss könnte ich auch ohne sie auskommen.«

Bereits zu Schulzeiten überragte **Adorno** alle anderen Schüler. Diese freuten sich eines Tages, mit ihm Spott treiben zu können, denn irgendwie war bekannt geworden, dass Adorno daheim von allen nur »Teddy« gerufen wurde. In typischer Pennälerart klebten sie ihm einen Zettel mit »Teddy« auf den Rücken. Das Papier wurde von Adorno erst bemerkt, nachdem sich eine Traube lachender Schüler gebildet hatte.

Helmuth Plessner und seine Frau waren zum Essen bei den **Adornos** eingeladen. Es gab Bratkartoffeln und Tafelspitz »feucht und geschmacksfrei«, dazu teuren Wein und Senf aus der Tube. Monika Plessner erinnert sich: »Wovon die Rede war, habe ich vergessen. Aber es war die Rede … die Rede … die Rede«.

Adorno plante, eine Oper zu schreiben. Die ersten Entwürfe gab er Walter Benjamin und bat ihn um seine Meinung. Dieser schüttelte nur entsetzt den Kopf. Warum Benjamin die Oper mit dem Titel *Der Schatz des Indianer-Joe* nicht gefallen hat, ist aber unklar.

Direkt vor dem Institut der Sozialforschung an der Schenckenberg-Anlage fehlte nach Ansicht **Adornos** eine Ampel, und dies beklagte er gegenüber der Stadtverwaltung. Sein Argument: Viele der Professoren seien so zerstreut, da könne eine Ampel Leben retten. Die Diskussion um den alltäglichen Gegenstand zog weite Kreise. Die Presse sprach schließlich von der »Adorno-Ampel«. Sie steht heute noch dort.

Schon als Kind ging **Adorno** gerne in den Zoo. Als Erwachsener wollte er für den Direktor des Frankfurter Zoos, Bernhard Grzimek, einen Aufsatz über den Unsinn der Großwildjägerei schreiben. Als Studenten an der Universität um die Erlaubnis baten, die *Deutsche Jägerzeitung* im Institut für Sozialforschung auslegen zu dürfen, sagte er, dass sei nur möglich, wenn gleichzeitig auch die *Deutsche Metzgerzeitung* ausgelegt würde.

Auch jenseits der Altersgrenze von 60 Jahren liebte **Adorno** es, auf die höchsten Berge zu wandern. Als er besorgt ermahnt wurde, das nicht mehr zu tun, äußerte er nur: »Keine Sorge, ich bin ein Bergmensch. See you later.«

Von **Max Horkheimer** und Helmuth Plessner ist folgender Dialog überliefert. Horkheimer: »Möchten Sie zur Abwechslung mal italienisch essen?« Plessner: »Das kenne ich noch nicht.« Horkheimer: »Was halten Sie von Fegatto alla Veneziana, Plessner?« Plessner: »Aber Max, gebackene Leber bei Ihrem Rheuma!« Horkheimer: »Ich habe kein Rheuma, ich habe Gicht.«

Drogen und Denken schließen sich aus. Dennoch experimentierte **Foucault** mit allen möglichen bewusstseinsverändernden Mitteln. Bei einem Amerikabesuch nahm er zusammen mit zwei Freunden LSD. In Death Valley saßen sie nachts auf der Motorhaube ihres Wagens. Im Radio lief Stockhausen, alle waren zugedröhnt und Foucault stammelte zwischendurch: »Der Himmel ist explodiert und die Sterne regnen auf mich herab.«

Zu einem öffentlichen Fernsehauftritt in Holland im Jahre 1971 waren **Noam Chomsky** und Michel Foucault geladen. Als Bezahlung hatte sich Chomsky kein Geld ausgebeten, sondern einen Klumpen Haschisch.

Chomskys Vorname »Noam« ist ungewöhnlich. Als er einmal einen Blick auf seine Geburtsurkunde werfen konnte, stand dort statt »Noam« der üblichere Name »Naomi«. Der Beamte, der diesen Eintrag gemacht hatte, musste sich verhört haben.

Der Nobelpreisträger Konrad Lorenz band den Philosophen **Karl Popper** öfter an einen Baum. Beide haben ihre Kindheit in Wien mit Indianerspielen verbracht. Popper erinnerte sich stolz: »Der Karl war ein tapferer Indianerhäuptling.«

Zwischen 1962 und 1979 weigerte sich **Derrida**, sich fotografieren zu lassen. Seine Begründung lautete: »Niemand soll versuchen, meine Philosophie zu verstehen, indem er mein Gesicht studiert.«

Einem Besucher zeigte **Derrida** seine immense Bibliothek. Staunend fragte jener: »Haben Sie die alle gelesen?« – »Nein«, sagte Derrida, »nur vier davon, diese aber ganz, ganz genau.«

4. Ex Kathedra – Weisheiten des Lehrbetriebs

Von den öffentlichen Auftritten der Philosophen und ihrem schulischen Tun

Ein Mitglied der von **Pythagoras** gegründeten Lehranstalt zu werden, forderte einige Opfer. Der Kandidat musste sein Geld der Lehranstalt übergeben. Der Grundsatz war nämlich: Alles gehört allen gemeinsam. Danach musste er schweigen, und zwar fünf lange Jahre, bevor es ihm gestattet wurde, eine Frage zu stellen.

Pythagoras glaubte, dass der Kosmos harmonisch angeordnet sei und dass sich diese Harmonie auch in der Musik widerspiegele. Deswegen setzte er in der Lehre auch Musik ein. Ja, es gab zur Ermahnung lernunwilliger Schüler eine Zurechtweisungsmusik. Man kann sich nur schaudernd vorstellen, wie die geklungen haben mag.

Für Schüler, die nach ihrer Lehrzeit in ihren alten, unphilosophischen Lebenswandel zurückfielen, ließ er auf dem Schulgelände Grabsteine errichten.

Der junge **Platon** war vielseitig begabt. Er war ein talentierter Dichter, beschäftigte sich mit der Malerei und war ein erfolgreicher Ringer. Doch im Alter von zwanzig Jahren wurde der Jüngling von Sokrates angeworben. Sokrates hatte nämlich einen Traum, in dem er einen Schwan in seinem Schoß sitzen sah, der mit göttlicher Musik gen Himmel flog. Just in diesem Moment, als er dies erzählte, wurde ihm Platon vorgeführt und Sokrates rief: »Dies ist er! Der herbeigesehnte Schwan der Akademie!«

Viele Jahre später wandte sich Platon gegen seinen Lehrer. Nachdem Sokrates eine Vorlesung seines ehemaligen Meisterschülers besucht hatte, klagte er: »Beim Herakles, was sich der junge Mensch alles über mich zusammenlügt.«

Ein Schüler **Platons** hatte fleißig alles, was der Philosoph gesagt hatte, mitgeschrieben, doch bei einer Seereise verlor er seine ganzen Manuskripte. Danach äußerte er, jetzt verstehe er Platons Ansicht, man solle nichts in Bücher schreiben, sondern in die Seele.

Den Vorlesungen Platons zu folgen, war übrigens anspruchsvoll, denn als der Philosoph einmal über seinen Dialog *Phaidon* sprach, war Aristoteles der Einzige gewesen, der die Ausführungen bis zu Ende anhörte.

Aristoteles blieb für zwanzig Jahre der Schüler von Platon, der ihn nur – wegen seines Fleißes – »der Vielleser« nannte. Platon sagte beispielsweise zu anderen Schülern: »Lasst uns zum Haus des Viellesers gehen!« Wenn Aristoteles bei einer seiner Vorlesungen nicht anwesend war, bemerkte er wenig schmeichelhaft für die anderen Schüler: »Der Verstand fehlt, heute ist nur ein taubes Publikum da.«

Als ein Philosoph vortrug und behauptete, es gäbe keine Bewegung, stand **Diogenes** auf und lief hin und her.

In einer Rede behauptete **Cicero**, dass keiner aus der Familie des Crassus älter als 60 Jahre geworden sei. Crassus – ein einflussreicher Bürger, der mit seinem Geld die Wege Roms eine Zeit lang bestimmte – beschwerte sich bei Cicero, dass dies doch gar nicht wahr sei, worauf Cicero antwortete: »Schon, schon, aber es freut die Leute so sehr, das zu hören.«

Bevor sich **Augustinus** der Philosophie widmete, war er ein wenig erfolgreicher Lehrer der Redekunst. In seinen Vorlesungen ging es nicht besonders diszipliniert zu. Die Studenten grölten, wann es ihnen beliebte, trieben müde Scherze und hörten dem schwerfällig deklamierenden Augustinus nur mit einem Ohr zu. Viele seiner Studenten fanden Augustinus' Können nicht gut genug. Sie bezahlten ihn deswegen nicht oder wechselten den Redelehrer. Als schließlich Augustinus, erkrankt mit Bruststechen und Atembeschwerden, seine Lehrtätigkeit aufgab, schrieb er seinen Studenten, sie sollten sich doch einen anderen »Wortverkäufer« besorgen.

Der Neuplatoniker **Proklos** studierte bei Olympiodoros. Dieser war ein begabter Philosoph, nur nuschelte er unglaublich, wenn er vortrug, so dass die wenigsten ihn verstanden. Da Proklos mit einem ausgezeichneten Gedächtnis ausgestattet war, wartete er, bis der Lehrer den Raum verlassen hatte, und wiederholte für die anderen Studenten, Wort für Wort, was Olympiodoros gesagt hatte.

Albertus Magnus ärgerte sich, dass einer seiner Studenten, **Thomas von Aquin**, nur ruhig dasaß. Am Ende seiner Vorlesung bat er den jungen Mann nach vorne und forderte ihn auf, das Gehörte zusammenzufassen. Thomas wiederholte nicht nur wortwörtlich die Lektion, sondern fügte auch noch einige Ergänzungen hinzu. Albertus Magnus äußerte hinterher: »Jetzt verstehe ich endlich, was ich eigentlich habe sagen wollen.«

Für **Adam Smith** bedeutete die ungeteilte Aufmerksamkeit der Zuhörer bei seinen Vorlesungen alles. Er versuchte immer, dem Studenten beim Reden anzuschauen, von dem er wusste, dass er verständig war. Lehnte der sich nach vorne, so als ob er zuhören würde, dann war für Smith alles in Ordnung. Lehnte sich der Student aber gelangweilt zurück, dann änderte der Philosoph sofort seinen Vortragsstil.

Der Ruf von **Adam Smith** als Professor in Glasgow war gut genug, dass Voltaire Philosophieinteressierte nach Schottland schickte, damit sie bei Smith lernen konnten. Den Einfluss, den er dabei auf seine Studenten hatte, ließ sie nicht nur seine Gedanken übernehmen, sondern die Hörer imitierten sogar seine Art zu sprechen.

Nicht nur **Adam Smith**, sondern auch viele andere Philosophen litten darunter, dass die Studenten fast wörtliche Vorlesungsmitschriften anfertigten. Diese wurden nämlich häufig veröffentlicht. Das Halbverstandene und falsch Notierte sorgte für einen Ansehensverlust der Professoren.

Warum machten die Studenten das trotzdem? Man konnte diese Mitschriften gegen klingende Münze dem Buchhändler verkaufen. Adam Smith ordnete kurz vor seinem Tod an, dass fast alle seiner Vorlesungs-Aufzeichnungen, denen man habhaft werden konnte, verbrannt werden sollten.

Das erste, was die Erstsemester von **Immanuel Kant** in seinen Vorlesungen hörten, war: »Bei mir lernt ihr nicht Philosophie, sondern Philosophieren.«

Moses Mendelssohn, gerade in Königsberg, wollte **Kant** besuchen und ging in eine Vorlesung. Als er den Saal betrat, trommelten die Studenten johlend mit den Füßen, das Zeichen für einen Juden, dass er unerwünscht ist und den Raum zu verlassen habe. Woraufhin Kant schweigend auf Moses Mendelssohn zuging und ihn umarmte.

Als Immanuel **Kant** 50 Jahre alt wurde, sprachen ihm der Rektor und Senat bei einer Feier Glückwünsche aus. Die Festrede begann mit den Worten: »Ehrwürdiger Greis ...«.

Kant war stets nach der neuesten Mode gekleidet. Seine Begründung: Man darf seinen Mitmenschen keinen widerwärtigen Anblick bieten. Bei einer Vorlesung verlor Kant einmal den roten Faden. Danach wurde er gefragt, weshalb er so unkonzentriert vorgetragen habe. »In der ersten Reihe fehlte einem Studenten ein Knopf an der Jacke, das hat mich völlig durcheinander gebracht«, erklärte Kant.

Kant besuchte einmal die Vorlesung eines bekannten Astronomen. Dieser schloss seine Ausführung mit den Worten: »Sie sehen also, meine Herren, aus der Sicht der Astronomie ist der Mensch unbedeutend.« Kant meldete sich zu Wort und sagte: »Aber, Herr Professor, Sie vergessen das Wichtigste: Nur die Menschen sind Astronomen.«

Bei einer Vorlesung im kleinen Kreis trug **Schelling** eine seiner Lieblingsthesen zum ersten Mal öffentlich vor: »Man muss nicht Frau und Kind verlassen, sondern, um zur Wissenschaft zu kommen, muss man Gott verlassen.« Als Schelling in die Runde der Anwesenden schaute, erschrak er. Eisiges Schweigen, betretene Gesichter und unverständiges Kopfschütteln.

Ein Besucher der Vorlesungen von **Schelling** sagte: »Hier war mir frommer zu Mute als in der Kirche.« Ein anderer: »Ich lasse mich von Schelling gegen Hegelianismus impfen.«

Schelling war bei den Studenten beliebt. Am Ende vieler seiner Vorlesungen riefen sie im Chor ein »Vivat!« Görres, sein Kollege und Konkurrent, konnte beim Publikum weniger beeindrucken. Während Schelling höchstens seine Vorlesungen unterbrach, um eine kräftige Prise Schnupftabak zu nehmen, hatte Görres die Angewohnheit, in Richtung Fenster zu spucken.

Kierkegaard ging nach Berlin, um **Schellings** Vorlesungen zu hören. Doch recht rasch war er von ihm enttäuscht. Er äußerte sich über Schelling: »Er salbadert auf unerträgliche Weise und sieht dabei aus wie ein Essigfabrikant.« Schließlich brach er sein Vorhaben mit einem spöttischen Kommentar ab: »Ich bin zu alt, um Vorlesungen zu hören und Schelling ist zu alt, um Vorlesungen zu geben.«

Schelling wurde von den Studenten »Professor Dunkelhut« genannt, weil man seinen Vorlesungen nur schwer folgen konnte. Ein erheblicher Grund dafür war, dass er seine süddeutsche Heimat nie verleugnete und beispielsweise statt »etwas« das schwäbische »ebbes« benutzte.

Schelling, der bei seinen Vorlesungen einen Kerzenständer neben sich stehen hatte, um die religiöse Atmosphäre zu erhöhen, spaltete oft die Meinung der Hörer in zwei Lager. Friedrich Engels saß am Morgen im Hörsaal und schrieb minutiös alles mit. Am Mittag aber verfasste er eine Streitschrift gegen das Gehörte. Bakunin dagegen, der russische Anarchist, kauerte still in der letzten Reihe des Vorlesungssaales. Abends aber, wenn die Studenten vor das Fenster von Schelling zogen, um den Philosophen zu feiern, lief er in der ersten Reihe mit.

Im Sommer 1806 pflegte **Hegel** zwischen 3–4 Uhr und 5–6 Uhr Vorlesungen zu halten. Als er eines Tages aus seinem Mittagsschlaf durch eine Glocke geweckt wurde, dachte er fälschlich, es wäre schon Zeit. Er ging also in die Vorlesung, wo gerade die Studenten auf das Erscheinen des Theologen Augusti für die 2-Uhr-Vorlesung warteten, und fing an zu reden.

Als sich Augusti näherte und hörte, dass bereits jemand sprach, machte er unsicher kehrt. Die Studenten überzeugten Hegel mühevoll von seinem Irrtum. Nach einer Stunde trat Hegel endlich vor die richtigen Hörer und begann: »Meine Herren, sinnliche Gewissheit kann täuschen. Ich habe gerade vor einer Stunde selbst eine Erfahrung damit gemacht.«

Die Studenten in Heidelberg glaubten, dass **Hegel** gern müßig war, denn er stand oft stundenlang am Fenster und betrachtete sich die nebligen Berge und Wälder um Heidelberg. Hegel erschien eines Tages sogar mit nur einem Schuh zur Vorlesung. Der andere war, ohne dass es der Philosoph bemerkt hatte, im nassen Schlamm stecken geblieben.

Wenig ermutigend für die Hörer begann **Hegel** eine Vorlesung: »*Lasciate sciate ogni speranza voi ch' entrate* – Lasst alle Hoffnung fahren, ihr, die ihr eintretet.«

Die Universität Berlin überlegte, ob sie **Hegel** eine Professur antragen sollte. Das Berliner Erziehungsministerium schickte einen Beobachter in Hegels Vorlesung. Dieser berichtete entsetzt von »falschem Pathos, Schreierei, Getöse, kleinen Witzen, Abschweifungen und unangemessenem Selbstlob«. Hegel bekam die Stelle.

Hegel fing eine seiner Vorlesungsreihen mit den Worten an: »Ich möchte mit Christus sagen: Ich lehre die Wahrheit und ich bin die Wahrheit.«

Hegels Vortragstechnik ließ zu wünschen übrig. Seinen schwäbischen Akzent legte er nie ab. Er sprach eintönig, gestikulierte dabei wild, und seine Mimik drückte gleichzeitig Ironie, Ernst und Unbeholfenheit aus.

Zu seiner Anfangszeit kamen nur wenige Hörer. Einer seiner treuesten Studenten, Suthmeier, war darüber so empört, dass er überall um Zuhörer warb. Eines Tages brachte er sogar einen Handwerksgesellen in Hegels Vorlesung. Dieser hörte eine Stunde den Ausführungen zu, dann sagte er: »Geht es hier eigentlich um Enten oder um Gänse?«

Bei den Berliner Studenten trug **Hegel** wegen der Art, wie er vortrug, einen wenig schmeichelhaften Spitznamen: Das große Lama.

1832 kehrte **Hegel** von einer Reise zurück und fand am schwarzen Brett der Universität einen Anschlag. Darauf stand die Aufforderung seines Kollegen Eduard Gans, die Studenten sollten Hegels Vorlesung in diesem Semester besuchen. Hegel wurde rot vor Zorn und schrieb einen beleidigten Brief an Gans, der Anschlag solle sofort entfernt werden. Hegel erklärte: »Ich habe es nicht nötig, empfohlen zu werden.«

Fichte betonte gegenüber seinen Studenten, dass er bereits fünfzehn Jahre Vorlesungen über Philosophie halte, aber noch niemandem bisher erklären konnte, was er denn genau sagen wolle.

Vom Freitagabend verlegte **Fichte** seine Vorlesung auf Sonntagmorgen, zehn Uhr. Das war just der Zeitpunkt, an dem der sonntägliche Gottesdienst stattfand, so dass die Leute die Wahl hatten, ob sie Gottes Wort oder Fichtes Wort lauschen wollten.

Fichte begann eine Vorlesung, indem er von zwei brennenden Kerzen, die vor ihm auf dem Pult standen, die eine löschte, dann sie wieder anzündete. Das gleiche machte er auch mit der anderen Kerze. Verständnislos blickte das Auditorium. »Wie Sie das nicht verstehen, meine Herren«, sagte Fichte, »so verstehen Sie auch die Welt nicht.«

In Berlin versuchte **Arthur Schopenhauer,** die Lehrerlaubnis zu erhalten. Dafür musste er vor einigen Professoren eine Probevorlesung halten. Seine These dabei lautete, dass Kant der letzte große Philosoph war und nach ihm nur noch Schwätzer aufgetreten seien. Hegel, der unter den Hörern saß, wurde dabei rot vor Ärger.

Als Student hörte **Schopenhauer** den Philosophen Schleiermacher, der vom Katheder herab die These vertrat, dass Philosophie und Religion zusammengehören. Schopenhauer notierte an den Rand seines Heftes: »Achtung: Schleichermacher ist ein Pfaffe!«

Um die Überlegenheit seiner Philosophie zu zeigen, legte **Schopenhauer** seine Vorlesungen an der Berliner Universität auf dieselbe Zeit, in der auch Hegel las. Das Ergebnis: Fünf Hörer, die nach kurzer Zeit auch noch davonliefen.

William James ernüchterte seine Hörer zu Beginn einer Vorlesungsreihe: »Meine Damen und Herren! Dass ich viel über Philosophie weiß, bedeutet noch lange nicht, dass ich ein guter Lehrer bin.«

Franz Baader, katholischer Philosoph, erhielt erst im Alter von 62 Jahren einen Lehrstuhl an der Münchner Universität. Davor war er als erfolgreicher Bergbauingenieur tätig. Seine Professorenkollegen bezeichnete er gern als »ausgequetschte Zitronen«. Baader verstand es seine Hörer zu fesseln. Am Ende seiner Vorlesungen sprach er gerne die Studenten an, woraus sich ein Gespräch entwickelte und weitere Studenten hinzukamen. Am Ende bewegte sich eine Traube philosophierender Menschen zuerst durch die Gänge der Universität, dann durch die Gassen der Stadt, bis sich irgendwann der Philosoph höflich aber energisch verabschiedete.

Eines Tages bemerkte **Paul Natorp** beim Betreten des Hörsaals, dass er seine Vorlesungsmanuskripte vergessen hatte. Er stürzte nach Hause, fand sie am Schreibtisch und steckte sie ein. An der Haustür fing ihn seine Frau ab: »Aber Paul, du hast ja deine Hausjacke an!« Hastig zog sich Natorp um, rannte zum Vorlesungssaal, wo er bemerkte, dass er das Manuskript wieder nicht dabei hatte – es steckte in der Hausjacke. Das machte aber nichts, die Stunde war sowieso vorbei.

Die auf der Mathematik beruhende Philosophie von **Gottlob Frege** verstand zu seinen Lebzeiten fast niemand. Der Denker selbst war unerhört zurückhaltend und hatte keinerlei Fähigkeiten, lebhaft vorzutragen. Rudolf Carnap besuchte im Sommersemester 1913 eine Vorlesung von Frege. Die einzigen Hörer waren

Carnap, sein Freund und ein pensionierter Offizier. »Frege war von kleiner Statur«, erzählte er, »schüchtern und stark introvertiert. Er schaute seine Zuhörer nicht an. Gewöhnlich sahen wir nur seinen Rücken, wenn er seltsame Symbole an die Tafel schrieb.«

Nachdem Fjodor Stepun einige Vorlesungen von **Husserl** besucht hatte, charakterisierte er ihn als »wahnsinnigen Uhrmacher«. Der Grund dafür war, dass während der Vorlesung die Finger von Husserls rechter Hand beständig in der Handfläche der linken Hand bohrten. Ein Zeichen von Konzentration und ein Ausdruck des Bedürfnisses nach Genauigkeit.

Als **Martin Heidegger** begann, in Marburg Vorlesungen zu halten, strömte das Publikum zu ihm. Er galt als »der heimliche König des Denkens«, auch wenn er wegen seiner autoritären Art von den Studenten als »Denkwebel« verspottet wurde. Seine Weise zu denken war so neu, dass ihn die Hörer anfangs kaum begriffen: »Als Heidegger vom Philosophieren als der Bereitschaft zum Sprung ins Leben sprach«, erinnerte sich Hermann Nohl, »dachte ich, damit wäre eine Art Skispringen gemeint.«

Im Juni 1933 hielt **Heidegger** vor Studenten und Professoren eine Rede. Am nächsten Tag betrat Jaspers den Vorlesungssaal. Ein ungeheurer, nicht aufhören wollender Beifall empfing ihn. Nach der Vorlesung fragte Jaspers einen Studenten in SA-Uniform nach dem Grund. Dieser sagte: »Wir wollten uns zu ihnen bekennen, gegen Heidegger.«

Heideggers Stil zu philosophieren wurde oft kopiert. Heidegger selbst unterbrach einmal in einem Seminar einen Studenten, der mit demselben Jargon wie er sprach: »Bei mir wird nicht geheiddegert!«

Nachdem der unerfahrene **Gadamer** seine ersten Vorlesungen gehalten hatte, besuchte ihn sein ehemaliger Lehrer Nicolai Hartmann: »Ich habe gehört, dass du vier Vorlesungen hier hältst?« Gadamer sagte verwundert: »Nein, nur eine; ich lese jedes Mal über ein anderes Thema.« Hartmann schlug entsetzt die Hände über dem Kopf zusammen: »Aber Hans-Georg, das ist ja Raubbau!«

Gadamer war bei seinen frühen Vorlesungen sehr befangen. Die Studenten sprachen über ihn, als »der, der nie aufsieht«. Es wurde sogar ein neues Meßsystem erfunden mit der Einheit »Gad«, wobei »Gad« das Einheitsmaß unnötiger Kompliziertheit darstellte.

Mit einem besonders schönen Satz beendete **Karl Jaspers** eine seiner Vorlesungen: »Die Vorlesung hört auf, das Philosophieren geht weiter.«

Nach einem Vortrag von **Ernst Bloch**, bei dem auch der Literaturhistoriker Georg Lukács anwesend war, meldete sich Lukács zu Wort und sprach zum Publikum gewandt: »Meine Damen und Herren, eben ging hier der Weltgeist durch!«

Bloch lehrte in den 50er Jahren an der Universität Leipzig. Mit der DDR-Führung war der als Querkopf bekannte Bloch nicht einverstanden. Bei seinen Vorlesungen ließ er es nicht an Spitzen gegen die Obrigkeit fehlen: »Der Staat stirbt ab. Das sagt Engels. Lenin aber sagt: Wir müssen es soweit bringen, dass eine Köchin den Staat regiert. Meine Damen und Herren, wir in der Deutschen Demokratischen Republik haben das ja schon geschafft.«

Der Vorlesungsstil von **Wittgenstein** war recht ungewöhnlich. Im Studienführer kündigte er seine Vorlesung in jedem Semester nur mit einem Wort an: »Philosophie«. Die Vorlesungen selbst schienen ein lautes Denken zu sein. Gelegentlich setzte sich Wittgenstein plötzlich hin, starrte minutenlang auf seine Handflächen und rief dabei zwischendurch: »Das ist höllisch kompliziert ... Was bin ich doch für ein Narr!«

»Ich bin ein schrecklicher Lehrer«, rief **Wittgenstein** hin und wieder während seiner Vorlesungen. Selbstkritisch beendete er eine Vorlesungsreihe mit den

Worten: »Die alleinige Saat, die ich aussäe, ist vermutlich ein bestimmter Jargon.«

Wenn **Wittgenstein** vortrug, musste er gelegentlich über die Absurdität seiner Gedanken lachen. Wagte aber einer seiner Studenten mitzulachen, schrie er zornig: »Ruhe, ich meine es ernst!«

G. E. Moore begann zur Irritation seiner Hörer eine Vorlesung mit folgenden Worten: »Am Anfang war die Materie und die Materie schuf den Teufel. Der Teufel aber schuf Gott ...«.

Nicht alle Philosophen sind faszinierende Redner. Die Vorlesungen von **John Dewey** waren so langweilig, dass es fast keinem seiner Studenten gelang, sich lange auf sie zu konzentrieren. Nur anhand der Mitschriebe der Studenten konnte man später erkennen, dass hinter den langatmigen Ausführungen etwas Gehalt steckte.

Bei seiner ersten Vortragsreise durch Amerika verabscheute **Russell** sein Publikum, das aus kuchengeschwängerten Society-Damen, dummdreisten Journalisten und geltungssüchtigen Geschäftsleuten bestand. Entmutigt sagte er: »Ich komme mir vor wie eine männliche Denkprostituierte.«

Nach einer Vorlesung über Metaphysik kam ein katholischer Pfarrer zu **Jaspers**, der sich bei ihm bedanken wollte: »Ich habe nur den einen Einwand, dass das meiste von dem, was sie vorgetragen haben, nach unserer Auffassung Theologie ist.«

Während der Zeit der Studentenproteste veranstalteten die Studenten an der Universität ein »Sit-in«, zu dem als einziger Professor **Adorno** erschien. Er lief unter dem Jubel der Leute aufs Mikro zu, ging aber schnurstracks daran vorbei ins philosophische Seminar. Die Studenten sagten: »So, also kurz vor der Praxis doch wieder nur Theorie.«

Es war eine Tat, die man sich hinterhältiger nicht denken könnte. Die Vorlesung »Einleitung in das dialektische Denken« von **Adorno** hatte im Hörsaal zu Frankfurt großen Zulauf, aber es kam bald zu nachhaltigen Unruhen. Mitglieder der »Lederjackenfraktion« des Frankfurter SDS verlangten die Räumung des Instituts. An der Tafel stand in großen Lettern geschrieben: »Wer nur den lieben Adorno lässt walten, der wird den Kapitalismus sein Leben lang behalten.« Dann passierte es: Drei Studentinnen streuten Rosen- und Tulpenblätter über den Professor und bedrohten ihn schließlich heimtückisch mit ihren entblößten Brüsten – Adorno wurde blass, griff rasch nach der Aktentasche, Hut und Mantel und eilte davon. Die nackte Wahrheit war zuviel für ihn.

Foucault liebte es, seine Studenten aus der Fassung zu bringen. Mitten in seiner Vorlesung blickte er eines Tages vom Manuskript auf, stürmte nach vorne und rief leidenschaftlich: »Wollen Sie wissen, was der Strukturalismus ist?« Die Studenten schwiegen unsicher. Dann begann Foucault mit einer langen Erläuterung zum Strukturalismus, bis er dann an das Rednerpult zurückkehrte, um über das eigentliche Thema weiterzureden.

Eine Studentin, die zum Zeitpunkt von **Foucaults** größter Popularität eine Vorlesung besuchte, ärgerte sich: »Ich war nur 40 Minuten vor Beginn der Vorlesung da! Nicht wie die anderen zwei Stunden.« In dem Hörsaal quetschten sich am Ende 500 Studenten aneinander.

Popper wollte eine Vorlesung beginnen. Er rief seinen unruhigen Studenten zu: »Aufgepasst«. Alle schwiegen. Doch dann fragte ein Student ungeduldig: »Auf was denn?«

Während einer Vorlesung bat ein Student **Jürgen Habermas**, ob er nicht doch etwas unkomplizierter sprechen könne, es sei so schwierig, ihn zu verstehen. Eine Hälfte des Auditoriums applaudierte. Er verspreche zu tun, was er könne, um leichter verstanden zu werden. Daraufhin buhte die andere Hälfte der Studenten. Habermas versicherte dann diesem Teil der Studenten, dass seine guten Absichten ganz gewiss scheitern würden.

Habermas hielt einmal eine Gastvorlesung an der Sorbonne, bei der unter den Anwesenden auch Foucault war. In seinen Ausführungen legte Habermas dar, dass die konsequente Folge von Nietzsches Philosophie der Nationalsozialismus sei. Foucault, der den Großteil seines Gedankengebäudes Nietzsches Analyse der Macht zu verdanken hatte, saß da, nickte interessiert und sagte nichts. Auch die Studenten hörten höflich zu. Habermas sprach nämlich Englisch und glücklicherweise konnte kaum einer verstehen, was der deutsche Philosophieprofessor darlegte.

Konrad Lorenz erhielt wertvolle Anregungen für seine Arbeit von Erich van Holst. Die erste Begegnung zwischen beiden verlief bitter-süß. Bei einer seiner öffentlichen Vorlesungen saß unter den Hörern der Lorenz noch unbekannte van Holst. Ungefähr in der Mitte seines Vortrags hörte er van Holst murmeln: »Richtig, richtig, das stimmt, das stimmt.« Als Lorenz aber gutgelaunt zum Ende seiner Ausführungen kam, vernahm er von unten: »Idiot, Idiot.«

A. J. Ayer diskutierte gerne mit seinen Studenten. Wenn die Auseinandersetzung aber zu hitzig wurde, brach er sie mit den Worten ab: »Du begehst einen großen Irrtum, aber wenigstens bist du damit in guter Gesellschaft.«

5. Von der Schwierigkeit, ein Philosoph zu werden und es zu bleiben

Durch welche Geschehnisse ein Mann ein wahrer Philosoph wird, was diese Existenz in Frage stellt und warum es so herrlich ist, ein Philosoph zu sein

Keine Geschichte ist berühmter und keine Geschichte berichtet besser über die Schwierigkeiten, ein Philosoph zu sein als diese. Platon erzählt über **Thales**, er sei in der Nacht bei der Beobachtung von Sternen, als er den Blick forschend nach oben gerichtet habe, in einen Brunnen gefallen. Da habe ihn eine thrakische Magd ausgelacht. Dabei schrie sie: »Was am Himmel ist, das willst du wissen, aber was zu deinen Füßen liegt, ist dir unbekannt.«

Pythagoras gestand, dass er die wichtigsten seiner philosophischen Lehrsätze bei der Priesterin Themistokleia gehört habe. Sein Weltbild fasste er so zusammen: Es gibt Götter, Menschen und Pythagoras.

Es gab ein geflügeltes Wort in Athen: Niemand kann aus einem **Sokrates** einen guten Soldaten machen. Einmal mitten in einer Schlacht blieb der Philosoph nämlich wie angewurzelt nachdenkend stehen. Sokrates verharrte so in der nächtlichen Kälte bis zum Morgengrauen.

Sokrates bekam wegen seiner Angewohnheit, arglose Passanten in philosophische Diskussionen zu verwickeln, oft Schläge und Tritte. Besorgt fragten ihn seine Freunde, ob er denn gegen die Prügel nicht gerichtlich vorgehen wolle. Dieser antwortete nur: »Verklage ich denn einen Esel, wenn er mich tritt; warum sollte ich dann diese verklagen?«

Als **Sokrates** einmal einen großen Warenmarkt besuchte, äußerte er: »Erstaunlich, wie viele Dinge es gibt, die ich nicht brauche.«

Eines Tages sprach **Sokrates** den jungen Xenophon an: »Wo kann man hier Brot finden?« Freundlich antwortete Xenophon. Sokrates darauf: »Und wo kann man Wein kaufen?« Wiederum gab Xenophon höflich die Auskunft. »Weißt du auch, wo man Weisheit erhalten kann?« Verwirrt darüber, dass er die Antwort nicht wusste, errötete Xenophon. »Folge mir und lerne«, sagte Sokrates und hatte seitdem einen Schüler mehr.

Xenokrates, ein Schüler von **Sokrates**, wurde oft von dem Philosophen sehr heftig und lautstark kritisiert. Dieser blieb aber stets ruhig, ohne sich zu ärgern. Selbst als ein anderer Schüler ihm gegen die Verbalattacken seines Meisters zu Hilfe kommen wollte, sagte Xenokrates nur: »Lass, es ist nur zu meinem Besten.«

Von allen seinen Schülern bekam **Sokrates** Geschenke, nur Aeschines schenkte ihm nichts. Er sagte: »Nichts von all dem, was ich dir schenken könnte, ist deiner wert, und erst jetzt erkenne ich, wie arm ich bin. So bleibt mir nichts anderes übrig, als mich dir zu schenken.«

Der äußerst wohlhabende Alkibiades schickte während eines Festivals in Athen seinem Lehrer **Sokrates** viele teure Geschenke, mit der Begründung, es sei Ehrensache für ihn, seinem Lehrer etwas zu schenken. Als Antwort erhielt er von Sokrates: »Und es ist Ehrensache für mich, diese Geschenke abzulehnen. Denn es ist eine gute Sache, das zu bekommen, was man wünscht. Aber es ist noch eine bessere Sache, es erst gar nicht zu wünschen.«

Der Sokratesschüler **Aristipp** gibt zwei interessante Antworten auf die Frage, was einen Philosophen ausmache. Er sagt: »Hebe alle Gesetze auf und ein Philosoph lebt genauso wie vorher.« Die zweite Antwort: »Schicke einen Philosoph und einen Nichtphilosophen nackt zu Unbekannten, dann sieht man, was beide unterscheidet.« Frivol, aber wahr!

Aristipp geriet bei einer Seereise einmal in einen heftigen Sturm. Viele seiner Mitreisenden bekamen große Angst, selbst der Philosoph zeigte deutliche Anzeichen von Furcht. Nachdem der Sturm abgeklungen war, fragte man ihn, warum er als Philosoph keine Ruhe bewahrt hätte: »Nun, ich hatte einen anderen Grund als ihr, mir Sorgen zu machen. Denn ihr ängstigt euch nur um euer miserables Leben, aber ich ängstige mich um das Leben eines Aristipp.«

Viele spätere Anhänger der Philosophie waren in ihrer Jugend große Nichtsnutze. Phaedon beispielsweise wurde von Sokrates in einem Bordell zum besseren Leben bekehrt. **Polemon** wurde zur Philosophie gebracht, als er betrunken und pöbelnd in eine Vorlesung der platonischen Akademie platzte. Das Thema war Mäßigung.

Die Feindschaft zwischen Athen und der Stadt Megara war so groß, dass jeder Einwohner von ihr, der nach Athen kam, getötet werden sollte. **Eukleides** stammte aus gerade dieser Stadt, aber wollte unbedingt bei Sokrates Philosophie lernen. Er kam regelmäßig nach Einbruch der Dunkelheit in die Stadt, dabei trug er Frauenkleider und hatte einen Schleier vor dem Gesicht. Denn Eukleides wollte wenigstens einen Teil des Tages mit dem Philosophen verbringen.

Arkesilaos pflegte zu sagen: »Nichts ist sicher und nicht einmal das ist sicher.«

Nachdem Megara, die Heimatstadt des Philosophen **Stilpon,** durch Truppen von Antigonus eingenommen wurde, fragte ihn jemand, ob er viel verloren habe: »Nein, gar nichts«, antwortete er. Dabei hatte Stilpon sein Erbe und seine Töchter und seine Heimatstadt die Freiheit verloren. Aber er meinte eben, dass die wahren Güter nicht vom Schicksal geraubt werden könnten. Genauso blieb er ungerührt, als sein Sohn, während er im Garten Blumen anpflanzte, vom Dach fiel und starb. Stilpon arbeitete ohne Regung weiter.

Die von **Platon** gegründete Akademie war eigentlich keine Schule, sondern ein Park mit Hainen und großen alten Bäumen und lag in einem der schönsten Vorstadtgebiete Athens. Von ganz Griechenland kamen Jünglinge zur Akademie. Aber Platon akzeptierte nur solche, die, wie er sagte, »berauscht sind vom Drang, ihre Seele kennen zu lernen«. Rigoros wurden viele abgewiesen.

Naiv fragte ein Schüler Platon, was man durch Philosophie gewinnen könne. Platon befahl zornig einem Sklaven: »Geh und gib ihm ein Goldstück, damit er etwas hinzugewonnen hat und dann verjage ihn vom Gelände.«

In seiner Jugend verschwendete **Aristoteles** sein väterliches Erbe leichtfertig. Als er dies durchgebracht hatte, beschloss er, Soldat zu werden, bis ihn ein »negatives Erlebnis« – wie der antike Schreiber Aelian es wolkig nannte – vom Kriegsdienst abbrachte. Dann widmete er sich dem Verkauf von Arzneien. Doch da sah er eines Tages eine Gruppe Philosophen an seinem

Laden vorbeigehen und mischte sich heimlich unter sie. Das Gehörte veränderte ihn. Seit diesem Tag wollte er Philosoph werden.

Aristoteles hatte zu seinem Lehrer Platon kein gutes Verhältnis. Platon sagte über ihn: »Aristoteles hat mich getreten wie ein Fohlen bei der Geburt.«

Als **Aristoteles** alt geworden war, musste er für seine Schule einen Nachfolger bestimmen. Viele Schüler drängten sich um ihn, aber besonders Theophrast aus Lesbos und Eudemos von Rhodos kamen dafür in Frage. Der Philosoph sagte, er wolle die Nachfolge durch eine Aufgabe bestimmen, die die beiden zu erfüllen hätten. Die Schüler sollten in ihre Heimatgegend reisen und von dort Wein mitbringen: Welcher Wein der bessere wäre, würde über die Nachfolge entscheiden.

Einige Zeit später kehrten beide mit Wein zurück. Aristoteles kostete beide und urteilte schließlich: »Der Wein aus Rhodos ist vorzüglich, aber der Wein aus Lesbos ist der bessere.« So wurde über die Nachfolge des Schuloberhaupts entschieden. Jedoch hatte Aristoteles schon lange Theophrast als Nachfolger gewählt. Diese Probe hatte er nur durchgeführt, um Streit zu vermeiden.

Aulus Gellius berichtet, **Demokrit** habe sich selbst geblendet, damit er von nichts beim Denken abgelenkt werde und auf diese Weise die Gesetze der Natur exakter erblicken könne.

Von **Diogenes** ist bekannt, dass er in einer Tonne lebte, aber besser wäre für ihn ein Platz hinter schwedische Gardinen gewesen, denn als Jugendlicher betrieb er zusammen mit seinem Vater in seiner Heimatstadt eine Falschmünzerei. Als ihm dort der Boden zu heiß wurde, machte sich Diogenes aus dem Staub und ließ seinen Vater im Gefängnis verrotten.

Er kam schließlich nach Athen und setzte sich vor die Tür des Antisthenes, um von ihm Philosophie zu lernen. Dass da ein Taugenichts vor seinem Haus saß, bemerkte Antisthenes sofort, aber Diogenes ging und ging nicht fort. Da nahm er einen Stock und prügelte Diogenes herzhaft durch. Dieser lächelte nur blutverschmiert: »Schlage nur, denn du wirst kein Holz finden, das hart genug wäre, mich zu vertreiben.«

Diogenes wurde gefragt, wie er trotz seiner spärlichen Bekleidung die große Kälte des Winters ertrage. »Im Gesicht frierst du doch nicht, oder etwa doch«, sagte Diogenes. »Nein, da nicht«, darauf Diogenes: »Siehst du, mein ganzer Körper ist Gesicht.«

Die Philosophen mit ihrem hohen Tugendanspruch waren nicht überall gerne gesehen. Als **Diogenes**, der Epikureer, an den Hof des Königs von Antiochia kam, befahl der Machthaber ihm, eine lilafarbene Tunika anzuziehen, ihm eine goldene Krone auf den Kopf zu setzen und eine Maske mit der Aufschrift »Tugend« zu tragen. Das geschehe einem großmäuligen Sittenwächter recht.

Viele werfen ihr Geld zum Fenster raus, **Krates** warf sein enormes Vermögen aber ins Meer. Dabei sprang, sang, tanzte er und rief enthemmt: »Krates gibt Krates die Freiheit.«

Kleanthes war bettelarm, wollte aber Philosoph werden. Tagsüber besuchte er die Philosophenschule, nachts aber holte er für den Gemüsehändler Wasser aus dem Brunnen. Als die Athener sahen, dass er bei guter Gesundheit war, obwohl er mittellos war, vermuteten sie, er habe Geld gestohlen.

Kleanthes, der vor Gericht gestellt wurde, konnte für sich den Gärtner, für den er anpflanzte, und die Frau, für die er Teig knetete, sprechen lassen. »Warum trägst du denn überhaupt Wasser?«, wurde er gefragt. »Ich trage nicht nur Wasser, ich grabe die Erde mit Händen um, ich bewässere Gärten, ich knete Teig. Warum? Für die Philosophie.« Darauf erhielt er den Ehrennamen »Wasserträger«.

Seneca klagte anderer Leute Reichtum an. Doch als man sein Vermögen schätzte, kam heraus, dass er Besitzer von ungefähr 300 Millionen Sesterzen war. Besonders stolz war der Philosoph auf seine kleine Sammlung von 500 Tischplatten aus Zitronenholz und die daran befestigten Elfenbeinfüße.

Vermutlich der einzige Philosoph, der einen Krieg auf dem Gewissen hat, ist **Seneca**. Er lieh in der Erwartung guter Verzinsung den Briten 40 Millionen Sesterzen. Überraschend forderte er das Darlehen zurück. Weil die empörten Briten das Geld nicht aufbringen konnten, brach ein Aufstand aus, der sich zum Krieg ausweitete. Allein zu Beginn der Unruhen wurden zwei Städte geplündert, wobei 80 000 Römer und Bundesgenossen umkamen.

Um römischen Soldaten zu zeigen, wie hart ein römischer Legionär sein sollte, gerade dann, wenn man im hohen Norden stationiert war, lud ein Führer einer Legion einen **kynischen Philosophen** ein. Dieser warf sich vor versammelter Mannschaft in den Schnee, wälzte sich darin herum, lachte und tat so, als ob er ein wohlig warmes Schaumbad nehmen würde. Währenddessen redeten die Legionsführer auf die verdutzten Soldaten ein: »Legionäre, das kann man mit Selbstbeherrschung erreichen«, riefen sie.

Ein Freund fragte **Plotin**, ob er mit in den Tempel kommen wolle. Dieser antwortete: »Wenn die Götter etwas möchten, sollen sie zu mir kommen.«

Aedesius, der spätantike Philosoph, stammte aus gutem Hause. Als er in jungen Jahren beschloss, Philosoph zu werden, verstieß ihn der Vater, weil er nutzlos sei. In einem Brief argumentierte der Vater: Was könne er denn schon durch Philosophie lernen? Aedesius antwortete: Beispielsweise seinen eigenen Vater zu respektieren, obwohl jener ihn verstoßen habe. Diese Rede überzeugte den Vater sofort.

Augustinus wurde im Jahre 386 zum Christentum bekehrt, als er in Mailand in einem Garten saß und zum x-ten Mal darüber nachdachte, wie er seine wuchernde Sexualität unter Kontrolle bringen könnte. Da hörte er eine Stimme wie die eines Knaben, die aus dem Nachbarhaus rief: »Nimm und lies; nimm und lies.« Da stand er auf, holte sich eine Ausgabe der Paulusbriefe und las darin ausgerechnet eine Stelle über die Verwerflichkeit der Fleischeslust (Römer 13,13–14). Augustinus wurde zum Christen.

Als **Augustinus** die Priesterwürde angetragen wurde, weinte er. Nicht aber vor Glück, sondern darüber, dass ihm ein Amt aufgebürdet werden sollte, das voller Gefahren war. Als man ihm die Bischofswürde antrug, lehnte er noch vehementer ab, erfolglos. Die Religionsstreitigkeiten der jungen Kirche wurden nämlich nicht nur auf dem Papier ausgetragen. Die christliche Sekte der Donatisten, denen die Argumente ausgingen, begann damit, feindliche Kirchen zu plündern und die Priester zu Krüppeln zu schlagen, sie zu ermorden oder ihnen Salz und Kalk in die Augen zu reiben.

Im Alter warf **Augustinus** einen Blick auf sein eigenes Werk. Selbstkritisch schrieb er ein langes Buch über Irrtümer, die er begangen hatte. In dieser Schrift *Re-*

tractiones (*Zurücknahmen*) schonte er sich nicht. Beispielsweise erklärte er über sein Werk *Über die Unsterblichkeit der Seele*: »Das Buch ist in seinen gekünstelten Schlussfolgerungen und in seiner Kürze so dunkel, dass das Lesen ermüdet und seine Absicht selbst von mir kaum verstanden wird.«

Als **Albertus Magnus** erst 16 Jahre alt war, wollte er unbedingt Mönch werden. Doch das Zugangsalter zum Dominikaner-Kloster war auf 18 Jahre gesetzt. Heimlich mischte sich Albertus unter die neuen Kandidaten, die zur Aufnahme bestimmt waren. »So, du stiehlst dich also wie ein Dieb in unser Kloster«, sagte plötzlich Bruder Jordan streng, der hinter Albertus stand. Und nach einigem Überlegen gab Bruder Jordan lachend zu bedenken: »Außerdem haben wir nur zwanzig Kutten, aber einundzwanzig Kandidaten, was machen wir denn nun?« Da gab der eine von seiner Kutte eine Kapuze, der andere einen Ärmel, der dritte einen Mantel, bis eine neue Kutte zusammengenäht werden konnte.

Albertus Magnus war in seiner Jugendzeit im Kloster nicht der Hellste. Er hätte am liebsten das Kloster verlassen, so schämte er sich seiner Dummheit. Da betete er zur Jungfrau Maria um Weisheit. Diese erschien ihm: »Weisheit sei dir gewährt; da du aber die Philosophie der Theologie vorziehst, werde ich dir die Weisheit am Ende deines Lebens wieder nehmen.« Und so geschah es dann auch. Albertus fiel am Ende seines Lebens in geistige Umnachtung.

Thomas von Aquins Grundregel für Debatten: »Gib nie etwas zu, leugne selten, zergliedere die Begriffe.« Martin Luthers Prinzipien für Reden: »Tritt frisch auf, tu's Maul auf, hör bald auf.«

Thomas von Aquins Mammutwerk, die *Summa Theologica* mit 518 Fragen und 2652 Antwortparagraphen, blieb unvollendet, denn ein Jahr vor seinem Tod, am 6. Dezember 1273, hatte Thomas eine Vision, nach der er nie wieder etwas schrieb. Seine Erklärung: »Ich habe begriffen, dass meine Werke nur ein Strohhalm im Vergleich zum Ganzen sind.«

Himmlischen Nachhilfeunterricht musste **Johannes Duns Scotus** in Anspruch nehmen. Als Kind war er so dumm, dass seine Mitschüler ihn »Erbsenhirn« nannten. Deswegen betete er beständig zu Maria, die ihm prompt erschien und ihn klug machte. Seit diesem Tag überragte Johannes alle an Verstand.

Normalerweise sehen es Eltern gern, wenn ihre Kinder etwas lernen wollen. Der Vater des zwölfjährigen **Nikolaus Cusanus** verlangte, dass sein Sohn, wie auch er, Moselfischer werden sollte. Der Junge verbrachte aber seine ganze Zeit mit Bücherlesen. Schließlich wurde der Vater bei einer Bootsfahrt böse und schlug ihn mit einem Ruder. Nikolaus taumelte und fiel ins Wasser. Am nächsten Tag lief er davon und trat ins Kloster ein, um zu lernen.

Nikolaus Cusanus hatte sich schon für eine Karriere als Jurist entschieden, doch seinen ersten Prozess verlor er wegen eines Formfehlers, den er begangen hatte. Da wurde er Philosoph.

Erasmus von Rotterdam wurde von Mönchen vorgeworfen: »Du hast das Ei gelegt, das Luther jetzt ausbrütet« – »Zugegeben«, sagte Erasmus, »aber ich habe eine andere Art von Vogel erwartet.«

Wo philosophiert man am besten? Im Bett. Zumindest **Descartes** hatte die Angewohnheit, im Bett zu liegen und denkend gegen die Decke zu starren. Fiel ihm etwas ein, notierte er es sich in sein Schreibheft, das auf dem Nachttisch lag.

Die Neugier von **Descartes** kannte kaum Grenzen. Wenn auf einem Dorf Schweine geschlachtet wurden, kam Descartes oft herbei. Er schaute aufmerksam zu, wie die Tiere abgestochen wurden. Auch in der Schlachterei war er oft anzutreffen, ließ sich Eingeweide und andere Teile der Tiere geben und betrachtete sie daheim noch stundenlang. Als er von einem Adligen besucht wurde, der ihn bat, ihm seine Bibliothek und die Bücher, die er für nützlich hielt, zu zeigen, führte Descartes ihn in die hinteren Räume seiner Wohnung, wo ein langer Gang war. Er zog einen Vorhang weg. Dahinter lag ein ganzes Kalb, das er gerade sezierte. »Hier, lieber Herr«, sagte Descartes, »das ist meine Bibliothek.«

Descartes bemerkte einmal: »Egal, was ich mache, irgendwie wird immer Mathematik daraus.«

Als **Hobbes** eines Tages mit seinem Freund John Aubrey durch die Straßen am Ufer der Themse promenierte, kam ein armer gebrechlicher Mann zu ihm und bat flehentlich um ein Almosen. Hobbes blieb stehen. Mitleidig blickte er den Mann an, griff mit einer raschen Bewegung in seine Tasche und gab ihm einen halben Guinee (ungefähr 4,5 heutige Pfund). Ein Geistlicher, der auch dabei war, zog ihn auf und fragte, ob er das denn auch getan hätte, wenn das nicht das Gebot der Nächstenliebe gefordert hätte. Ärgerlich darüber gab der Philosoph zurück, dass er das nur deswegen getan habe, weil er so sein schlechtes Gewissen beruhigen könne.

Was viele für die Krönung ihres Daseins halten, eine Professur, werfen andere lächelnd weg. **Spinoza** hatte die Möglichkeit, in Heidelberg Philosophie zu lehren, lehnte aber ab, um seiner Arbeit nachgehen zu können: Linsen für Teleskope schleifen und dabei nachzudenken.

Alles, was **Blaise Pascal** in seinem Leben passierte, geschah zufällig. Als er eines Tages ausritt, um ein Duell zu verhindern, rutschte sein Pferd auf einem Stück Glatteis aus und strauchelte. Dabei verrenkte sich Pascal das Bein schwer. Man rief zwei berühmte Ärzte, die gerade in der Stadt waren, Deschamps und Bouteillerie, herbei. Beide gehörten einer bestimmten christlichen, augustinischen Glaubensrichtung an. Während sie an Pascals Krankenlager saßen, berichteten sie ihm von ihrem Glauben. Am Ende konvertierte Pascal. Was, wenn das Pferd nicht gestrauchelt wäre?

Eine der wichtigsten Entscheidungen seiner philosophischen Karriere traf der junge **Leibniz** im Wäldchen nahe Leipzig beim Lustwandeln. Als er in das Wäldchen hineinging, wusste er noch nicht, ob er am aristotelischen Weltbild festhalten oder sich dem neuen mechanischen zuwenden sollte, als er hinausging, hatte er sich für das neue entschieden.

Leibniz kam zu Ohren, dass es in Nürnberg eine Geheimgesellschaft gäbe, die den Stein der Weisen zu produzieren beabsichtigte. Neugierig wollte er Mitglied werden. Er nahm also einige esoterische Schriften zur Hand und suchte darin die dunkelsten Formulierungen heraus. In seinem Beitragsgesuch reihte Leibniz sie sinnfrei aneinander. Kurz und gut: Er wurde nicht nur Mitglied, sondern wurde gleich zum Sekretär des Vorsitzenden ernannt.

Rousseau sagte über die Philosophen: »Nimm ihnen die Möglichkeit, von anderen gehört zu werden, dann tilgt ihr deren Wunsch, die Wahrheit zu finden.«

Als **Voltaire** seine Schulzeit hinter sich gebracht hatte, wurde er vom Vater gefragt, welchen Beruf er denn ergreifen wolle. Selbstbewusst gab er zur Antwort: »Vater, ich will nichts anderes als ein Schriftsteller werden.«

Während des Aufenthalts in seinem Landhaus baute **Voltaire** eine Kirche. Über dem Kirchenportal stand geschrieben: »Voltaire hat dies für Gott errichtet.« Besucher, die dies sahen, kommentierten: »Zwei große Namen!«

Im Alter von drei Jahren wurde **Adam Smith** von seiner Mutter nach Strathenry mitgenommen, um den Onkel zu besuchen. Da er eines Tages unbeaufsichtigt vor der Türe des Onkels spielte, wurde er von einer Bande herumziehender Kesselflicker entführt. Es dauerte lange, bis die Mutter und der Onkel ahnten, was mit dem kleinen Adam passiert war. In einem Wäldchen wurden die Gauner umzingelt. Adam blieb unverletzt. Ohne diese Rettungstat wäre der Philosoph wahrscheinlich für immer verschollen gewesen.

Am Anfang seiner philosophischen Karriere sprach **David Hume** mit einem Kaufmann, der zu ihm sagte: »Was, Philosoph wollen Sie werden? Ich war auch einmal Philosoph, habe es aber dann aufgegeben.« Hume fragte: »Welche philosophische Denkschule hat Sie denn interessiert, welche Bücher haben Sie gelesen?« – »Bücher? Nein, keine. Ich saß den ganzen Tag am Kamin, schürte das Feuer und gähnte genüsslich.«

Hume, Sohn eines Schotten, sah mit Misstrauen auf alles Englische, inklusive der Sprache: »Es ist eine Schande, dass ich in Englisch schreibe, der dümmsten, plumpsten und barbarischsten Sprache der Welt.«

Auf die Frage, warum er ein Philosoph wurde, antwortete **Hume**: »Ich wollte mich mit Nachdenken gegen Schmerz, Armut, Scham und Tod wappnen.«

Wie wurde **Hegel** zu einem Philosophen? Ganz einfach, er war stets ein Streber und lernte viel. Zu Studentenzeiten teilten sich Hegel und Schelling ein Zimmer. Schelling erzählte über seinen Kommilitonen: »Er wollte beim Lernen keine Zeit damit verlieren, ins Bett zu gehen. Deswegen übernachtete er ganze Wochen auf dem Sofa!«

Zu der Zeit, als **Hegel** Professor in Berlin war, schrieb ein unbekannter Ungar dem Philosophen mit der Bitte, ihm eine Anstellung zu verschaffen. Seine Begründung: »Ich habe fast Ihr ganzes Werk auswendig gelernt.« Hegels Antwort: »Das verrät Fleiß, aber kein Talent.«

Fichtes Weg zum Erfolg war erstaunlich. 1792 veröffentlichte er anonym eine Schrift mit dem Titel *Versuch einer Kritik aller Offenbarung*. Die Öffentlichkeit hielt sie für ein Werk aus der Feder Kants. Als der Königsberger Philosoph aber auf den Irrtum hinwies, war Fichte mit einem Schlag ein berühmter Mann.

Warum der junge **Schopenhaue**r Philosophie studierte? Dazu erklärte er: »Das Leben ist eine miserable Angelegenheit. Ich werde mich dazu fähig machen, es zu untersuchen.«

Eines Tages besuchte **Schopenhauer** ein Gewächshaus. Der Gärtner sah den fremden Mann und fragte ihn: »Wer sind Sie?« Schopenhauer antwortete: »Wenn Sie das mir sagen könnten, wäre ich Ihnen unendlich dankbar.«

Auguste Comte glaubte, dass seine Philosophie – der Positivismus – reine Wissenschaft sei, die die Religion eines Tages ersetzen werde. Konsequenterweise rief er seine Philosophie als wahren Glauben aus und ernannte sich selbst zum Oberpriester über die Welt. Sein genauer Titel war »Comte – Hoher Priester für Religion und Menschlichkeit«.

Karl Marx war ein unauffälliger Schüler. Nur in seinem Abschlussaufsatz findet man ein Vorzeichen seiner späteren Gedanken. »Wir können nicht immer den Stand ergreifen, zu dem wir uns berufen glauben; unsere Verhältnisse in der Gesellschaft haben einigermaßen schon begonnen, ehe wir sie zu bestimmen imstande sind.« Der Lehrer schrieb nur ein Wort darunter: »Interessant«.

Als Kind trug **Kierkegaard** den Spitznamen Gabel, denn als sein Vater ihn fragte, was er einmal werden wolle, antwortete er: »Eine Gabel.« – »Warum?«, fragte der Vater erstaunt. »Damit ich später einmal jeden und alles aufgabeln kann.«

Kierkegaard besuchte den Bischof Mynster, um ihn zu seiner Meinung über sein letztes Buch zu befragen. Nach einem kurzen Gespräch blickte der Bischof den Philosophen an: »Ach mein Freund, wenn Sie erst einen praktischen Beruf haben, dann verschwindet das bestimmt.« – »Was meinen Sie?«, fragte Kierkegaard. »Ihr Idealismus«, antwortete der Bischof. Der Philosoph aber schwieg.

John Stuart Mill saß nachdenklich in seinem Sessel, als er sich selbst plötzlich eine Frage stellte: »Was ist, wenn alle deine Wünsche plötzlich wahr würden, wärst du dann glücklich?« Stumm verharrte er eine Zeit lang, dann gab er sich die Antwort: »Nein.« Daraufhin fiel er in eine schwere Depression.

Besonders stolz war **Mill** immer darauf, zu seiner Zeit der einzige Atheist zu sein, der von klein auf nicht an Gott geglaubt hatte. Andere Philosophen, so betonte er, seien vom Glauben abgefallen, er aber sei ein lupenreiner Atheist.

Nietzsches Familie stammte ursprünglich aus Polen (»Nieztki«). Darauf war er sehr stolz. Zu seiner Mutter sagte er einmal selbstsicher: »Ein Graf Nietzsche darf nicht lügen!«

Das Denken des frühen **Nietzsche** stand vollkommen unter dem Einfluss Schopenhauers. War es lediglich ein Zufall, dass er auf ein Buch dieses Denkers stieß? In einem Antiquariat fand er eines seiner Bücher. Nietzsche erzählte später, dass ein innerer Dämon zu ihm gesagt hatte: »Nimm dir dieses Buch mit nach Hause!« Ein weiterer Beweis dafür, dass sich Bücher ihre Leser suchen und nicht umgekehrt.

Nach der Niederlegung seiner Professur war **Nietzsche** zwar mit Geld, aber nicht mit einem Lebenssinn ausgestattet. Er bezeichnete sein Leben als »Spaziergeh-Existenz«.

Am 3. Januar 1889 verfiel **Nietzsche** in Turin dem Wahnsinn, als er sah, wie ein Kutscher sein Pferd schlug. Der Philosoph fiel dem Gaul solidarisch um den Hals. In seiner Wohnung angekommen, verfasste er eine Reihe von Briefen, die er als »Der Gekreuzigte« unterzeichnete. »Es ist ein Vorurteil, dass ich ein Mensch bin«, schrieb der irre Nietzsche, »ich war schon Buddha, Dionysos, Alexander, Caesar, Voltaire, Napoleon und Richard Wagner ... Ich habe auch am Kreuze gehangen.« Als die ersten dieser Briefe seine Freunde in Deutschland erreichten, eilten sie ihm zu Hilfe.

William James, der amerikanische Philosoph des Pragmatismus, sagte: »Dass ich Medizin studierte, war meine Wahl, dass ich Philosoph wurde, war Schicksal.« Er berichtete, dass er bei Tagesanbruch, beim Aufsteigen der Morgenröte, von einem schrecklichen Angstgefühl heimgesucht wurde. Die Welt bekam plötzlich das mumienhafte Gesicht eines geistesabwesenden Irren. Das Grauen ließ ihn später nie wieder los.

Spitz bemerkte **William James**: »Für die Philosophen leben wir in einer Welt, die man durch langatmige Reden verständlich machen muss. Für ein Universum aus zwei Sätzen hat keiner von ihnen Verwendung.«

Gottlob Frege war von der Brillanz seines Gedankengebäudes überzeugt. Er sagte: »Es ist von vornherein unwahrscheinlich, dass ein solcher Bau auf fehlerhaftem Grunde errichtet werden könnte.« Doch er konnte. Als er 1903 den ersten Band einer zweibändigen

Mammut-Gesamtschau der Mathematik herausgab, erhielt er von Bertrand Russell einen Brief, in dem stand: »In einer Ihrer Annahmen ist ein Fehler enthalten.« – Der zweite Band von Freges Hauptwerk enthielt die Bemerkung, dass der Inhalt beider Teile komplett falsch und deswegen wertlos sei.

Als **Max Scheler**, der Begründer der phänomenologischen Wertethik, auf die Widersprüche zwischen den in seinen Werken verkündeten ethischen Maßstäben und seiner mangelhaften Lebensführung hingewiesen wurde, antwortete er: »Von einem Wegweiser erwartet man schließlich auch nicht, dass er den angezeigten Weg geht.«

Helmuth Plessner berichtete von seinem Lehrer **Edmund Husserl**, dass er zu ihm einmal, vor seiner Gartentür stehend, sagte: »Ich habe mein Leben lang die Realität gesucht!« Und dabei »zückte er seinen dünnen Spazierstock mit silberner Krücke und stemmte ihn vorgebeugt gegen den Türpfosten«. Hätte er nur geahnt, dass die Realität am Ende seines Stockes ist!

Husserl erzählte, dass er anfangs in seinem philosophischen Denken so wenig Erfolg hatte, dass er alles Selbstvertrauen in sich verloren hatte. Er musste deswegen einen Nervenarzt aufsuchen. Sein erster Versuch, eine Professur zu erringen, schlug fehl. Die Fakultät begründete die Zurückweisung mit »Husserls Mangel an wissenschaftlicher Bedeutung«.

Ein Freund, der mit **Heidegger** immer spazieren ging, bemerkte, dass der Philosoph jeden Tag Punkt zehn Uhr zu sprechen aufhörte und eine Weile in sich gekehrt verstummte. Schließlich fragte ihn der Freund, warum er sich so verhalte. »Das hat diese Ursache«, erklärte Heidegger, »um diese Tageszeit sucht mich immer das Denken heim.«

Günther Anders besuchte **Heidegger**. Natürlich sprachen Sie über Philosophie. Dabei zitierte Heidegger einen Ausspruch Voltaires: »Es genügt nicht zu schreien, man muss auch Unrecht haben.« Anders gab zurück: »Es genügt nicht zu murmeln, man muss auch Recht haben.« Diese Anspielung auf die neblige Ausdrucksweise Heideggers erboste den Philosophen außerordentlich.

Hans-Georg Gadamer gab seinen Doktoranden die Dissertationsentwürfe, unzufrieden und mäkelnd, unzählige Male zum Umarbeiten zurück. Seine Frau schob ihm eines Tages seine eigene, nur maschinenschriftlich verfertigte Doktorarbeit hin, die immerhin mit der Bestnote ausgezeichnet worden war. Errötend gestand er ein: »Ich hätte diese nicht als Dissertation angenommen.«

Karl Jaspers hielt seinen Studenten stets vor Augen: »Ein Buch *von* Kant ist besser als hundert Bücher *über* Kant.«

»Wer mich zurückweist, der ist von der Geschichte gerichtet«, sagte **Ernst Bloch**, der sich in seiner Frühzeit für eine Art philosophischen Messias hielt. Um dessen Anspruch, »der Gesalbte« zu sein, spöttisch zu unterstreichen, setzte sich Lukács bei einer großen Tischgesellschaft auf Blochs Schoß und salbte ihm die Nase ein, und zwar mit einem voll Spucke nassen Finger.

Als **Bloch** einem Philosophiestudenten die Examensprüfung abnahm, fragte der Denker den Studenten, ob es ihm etwas ausmache, wenn er rauche. Umständlich zog er die übergroße Pfeife aus der Tasche, stopfte sie sorgfältig und zündete sie an, was genau viereinhalb Minuten in Anspruch nahm. Dann sagte Bloch: »Fangen Sie an.« Der Student leierte den Stoff herunter, ohne dabei je von Bloch unterbrochen zu werden. Tapfer redete der Student weiter. Bis zum Ende blieb der Professor stumm. Dann sprang Bloch auf, schüttelte dem Prüfling die Hand und sagte: »Ausgezeichnet, schon allein wegen der philosophischen Haltung!«

Einer der provokantesten Aussprüche von **Alfred North Whitehead** über die Philosophie lautet: »Die

Geschichte der westlichen Philosophie ist schließlich nichts weiter als eine Reihe von Fußnoten zu Platons Philosophie.«

Ein Hauptwerk der Philosophie, der *Tractatus Logico-Philosophicus*, wurde in Schützengräben und zwischen zerfetzten Leichen geschrieben. Als Kriegsfreiwilliger hatte sich **Wittgenstein** am 7. August 1914 zur österreichischen Armee gemeldet. Dort, an der vordersten Linie kämpfend, verfasste er ein Werk, dem man nichts davon anmerkte, in welcher Kriegshölle sich der Schreiber befand. Derselbe Wittgenstein beschwerte sich Jahre später über die laut sprechenden Nachbarn, die ihn beim Nachdenken störten.

Nach der Fertigstellung des *Tractatus* geriet **Wittgenstein** in eine Lebenskrise, weil er glaubte, sämtliche philosophischen Probleme nicht nur gelöst, sondern »endgültig« gelöst zu haben. Was sollte er denn noch auf dieser Welt erreichen? Er entschied sich schließlich dafür, Volksschullehrer zu werden.

Wittgenstein erzählte immer gern seine Lieblingsanekdote von Beethoven. Ein Freund besuchte Beethoven. Noch vor der Tür hörte er ihn schon am Klavier toben, singen und heulen. Als Beethoven dann die Tür öffnete, sah er völlig zerzaust aus, mit Wahnsinn in den Augen. Er sagte, er habe 36 Stunden nichts gegessen, weil der Koch und sein Dienstmädchen vor einem Wutanfall davon gelaufen wären. Und Wittgenstein fügte hinzu: »So ein Mensch möchte ich sein.«

Der junge **Wittgenstein** versuchte, den allseits anerkannten Philosophieprofessor Russell von seiner Denkkraft zu überzeugen. Wittgenstein vertrat die These, dass man nichts Reales gewiss wissen kann. »Aber junger Mann«, sagte Russell, »wir wissen doch zum Beispiel, dass jetzt gerade kein Rhinozeros im Zimmer ist.« Daraufhin wurde Wittgenstein richtig wütend und gab scharf zurück: »So? Woher wissen Sie das so genau?« Daraufhin entstand eine Debatte, bei der es Russell nicht gelang, darzulegen, dass kein Nashorn im Zimmer sei.

Wittgenstein glaubte, dass zwischen einem Satz der Sprache und dem, was er bezeichnet, eine logische Ähnlichkeit besteht. Als er aber mit dem Volkswirtschaftler Straffa gemeinsam das Problem bei einer Zugfahrt besprach, machte dieser eine in Neapel typische Geste. Er glitt mit den Fingerspitzen über sein Kinn. »Und was ist die logische Form dieses Satzes, hmm?« Verwirrt und sprachlos gab Wittgenstein den Hauptgedanken des *Tractatus* auf.

Wittgenstein und Russell stritten sich über den Sinn des Lebens, wobei Wittgenstein behauptete, dass man über das Ganze der Welt nicht sprechen könne und es deswegen keinen Sinn gebe. Russell widersprach: »Es gibt sogar drei Dinge, die sinnvoll sind.« Dann nahm Russell einen Füller und machte drei Kleckse auf ein Stück Papier. Er sagte mit heiligem Ernst: »Siehst du?«

Russell sagte über **Wittgenstein**: »Wittgenstein wird den nächsten Schritt in der Philosophie tun.« Leichter gesagt als getan. Wittgenstein hatte eine Zeit lang große Schwierigkeiten, bestimmte logische Probleme zu lösen. Er ging zu Dr. Rogers. Der Arzt musste ihn hypnotisieren und sollte ihm im hypnotisierten Zustand einige logische Probleme vorlesen. Wittgenstein hoffte sie so zu lösen. Es mag überraschen, es funktionierte nicht.

Wittgenstein gehasst – geehrt. Als er nach längerer Abwesenheit wieder am Bahnhof von Cambridge einfuhr, beschrieb John Maynard Keynes das folgendermaßen: »Gott ist angekommen; ich traf ihn im 5.15-Uhr-Zug.«

Im Moral Science Club, der philosophischen Gesellschaft von Cambridge, hielt **Wittgenstein** einmal einen Vortrag zum Thema »Was ist Philosophie?« Der Vortrag dauerte knapp vier Minuten.

Wittgenstein erläuterte einmal, was es bedeutet, zu philosophieren. »Ein Mann ist in einem Raum, dessen

Tür nach innen aufgeht. Solange es ihm nicht in den Sinn kommt, an der Tür zu ziehen, ist er ein Gefangener.«

Zum Zeitpunkt seiner mündlichen Doktorprüfung hatte sich **Wittgenstein** schon in der Philosophie einen Namen gemacht. Russell und Moore examinierten Wittgenstein und versuchten eine seiner Auffassungen anzufechten. Mit messerscharfen, logischen Argumenten zerpflückte Wittgenstein die Einwände und erläuterte ihnen seine Idee. Am Ende saßen beide Prüfer verwirrt auf ihren Sesseln. Wittgenstein klopfte den Professoren mitleidig auf die Schulter: »Keine Sorge, ich weiß, ihr werdet es nie verstehen!«

»Tragisch ist für mich«, erklärte **Wittgenstein** auf die Frage eines Studenten, »wenn ein Ast, anstatt sich zu biegen, bricht«.

Die Bedeutung von sprachlichen Zeichen kann nur aus dem Zusammenhang mit dem Leben verstanden werden. Diesen zentralen Gedanken seiner Philosophie fand **Wittgenstein,** als er eine Straße überqueren wollte und ein Radfahrer ihm den Finger zeigte.

Wittgenstein äußerte: »Humor ist keine Stimmung, sondern eine Weltanschauung«, und fügte hinzu, dass ein seriöses Buch über Philosophie geschrieben werden könnte, das lediglich aus Witzen bestünde. Gefragt, warum er das nicht selbst getan hätte, sagte er: »Ich habe keinen Humor.«

Studenten von **John Dewey** zeichneten einen chronologischen Stammbaum der Philosophiegeschichte, hatten aber Schwierigkeiten, ihren Lehrer darin einzuordnen. Also fragten sie ihn selbst danach. »Setzt mich«, sagte er, »sowohl ans Ende als auch an den Anfang der griechischen Philosophie.«

Während seiner Studienzeit ging **Bertrand Russell** immer denselben Weg zum Lehrgebäude. Als eines Tages auf dem einsamen Weg ein besonders schöner Sonnenuntergang zu sehen war, dachte er darüber nach, sich umzubringen. »Ich beging aber keinen Selbstmord«, erklärte er, »weil ich zuerst noch mehr Mathematik lernen wollte.«

Russell gefragt, warum er so fanatisch Mathematik studiere, antwortete: »Die Mathematik ist nichts Menschliches und hat überhaupt nichts mit diesem Planeten zu tun. Sie erwidert unsere Liebe nicht.«

Russell verlor eine Lehrstelle in Amerika mit der Begründung, dass er erstens kein Amerikaner und zweitens »moralisch ungeeignet« sei, Philosophie zu lehren. (Russell hatte die Existenz Gottes geleugnet.)

In der zweiten Hälfte seines Lebens gab **Russell** das Philosophieren zugunsten der Politik fast ganz auf. Er äußerte mehrmals, dass die Philosophie für ihn die reinste Zeitverschwendung gewesen war.

Jean-Paul Sartre versuchte seinen Körper zu unterdrücken, sein Bewusstsein sollte darin keinen Konkurrenten haben. Er ignorierte Müdigkeit, sah Schmerzen als Herausforderung an, nahm ungebremst Aufputschmittel, wollte keine Zeit zum Schreiben mit Waschen, Zähneputzen oder Baden verschwenden. Nur das Philosophieren bedeutete ihm etwas. Er sagte immer: »Ich habe ein goldenes Gehirn.«

Der junge **Sartre** wurde zum Philosophen durch einen Bierkrug. Sein Freund Raymond Aaron, der gerade aus Deutschland zurückgekehrt war, berichtete, was an deutschen Universitäten gelehrt wurde. Aaron schob ihm einen Bierkrug hin und sagte: »Schau dir dieses Glas an; dieses einfache Ding ist der Gegenstand der modernen Philosophie.«

Als man **Sartre** wegen seiner politischen Umtriebe einsperren wollte, lehnte der Richter die Ausstellung des Haftbefehls mit den Worten ab: »Man sperrt keinen Voltaire ein.«

Der Lehrer von **Michel Foucault** auf dem Gymnasium war der Historiker Emmanuel Le Roy Ladurie, ein Mann mit einer langen Narbe quer über das Gesicht. Ladurie war ein enormer Kopfmensch, von eindrucksvoller Logik. Foucault sagte über ihn: »Man konnte fast sein Gehirn schlagen sehen!«

Als junger Mann war **Foucault** gleichzeitig von Marx und von Nietzsche beeinflusst. Entnervt sagte er eines Tages: »Ein nietzscheanischer Kommunist zu sein, das zu leben bringt mich fast um den Verstand!«

Der französische Philosoph **Emmanuel Lévinas** fand keinen Verleger für sein Erstlingswerk. Frustriert wollte er es zerreißen. Freunde konnten ihn gerade noch davon abbringen und überzeugten ihn, dass er es wenigstens als Dissertation einreichen solle. Nach der Promotion wurde es tatsächlich noch in einem kleinen Verlag gedruckt. Heute ist *Totalität und Unendlichkeit* aus keinem gut sortierten philosophischen Bücherregal mehr wegzudenken.

Karl Popper machte eine Ausbildung zum Tischler. Besonders sein Meister beeindruckte und inspirierte ihn: »Einmal erzählte er mir, dass er viele Jahre an einem Perpetuum mobile gearbeitet habe. ›Die sag'n, dass man so was net mach'n kann, aber wann amal einer eine g'macht hat, dann wer'n sie schon anders red'n.‹«

Jacques Derrida sollte 1992 die Ehrendoktorwürde von Cambridge erhalten. Empört meldeten sich fünfzehn Professoren zu Wort (unter anderem der namhafte Willard van Orman Quine). Sie sagten, Derrida habe die Ehrendoktorwürde nicht verdient, weil die Philosophie Derridas nicht argumentativ sei. Die Abstimmung ging 336 zu 204 zugunsten Derridas aus. Der Philosoph räumte später ein: »Mich zu kritisieren ist tatsächlich nicht möglich.«

Die Werke des Mathematikers und Philosophen **Quine** wurden auf einer Remington-Schreibmaschine getippt, bei der er die »1«, das »!« und das »?« durch mathematische Zeichen ersetzt hatte. Als man ihn fragte, wie er denn ein Fragezeichen setze, sagte er: »Ich schreibe nur Gewissheiten.«

Kurz vor seinem Tod wurde **A. J. Ayer** gefragt, ob er rückblickend glaube, dass sein Hauptwerk *Language, Truth and Logic* Fehler aufweise. »Nein, das glaube ich nicht«, sagte Ayer, »vielleicht nur den, dass alles falsch ist.«

Leute mit romantischen Vorstellungen hielt **Ayer** für geistig simpel. Auf einer Party wurde er gefragt, was ihm einfiele, wenn er an Paris denke, etwa der Eiffelturm oder Notre Dame? Er dachte einen Moment nach: »Ein Schild, auf dem ›Paris‹ steht«, erklärte der Philosoph.

Die Verlegerin von **Ayer** sagte zu ihm: »Dein Buch hat großes Aufsehen erregt. Ich frage mich, was wohl als nächstes in der Philosophie kommt.« Ayer antwortete scharf: »Es gibt kein nächstes. Die Philosophie ist zu Ende. Schluss.«

6. Von Wundern und Philosophen, die Wundertaten taten

Wenn sich Zeichen des Göttlichen zeigen oder der Philosoph Großes verrichtet

Da **Thales** von den reichen Bürgern seiner Stadt verspottet wurde, indem sie behaupteten, dass Philosophie im Leben zu nichts nutze, mietete dieser vorausschauende Mann im Winter sämtliche Ölpressen der Stadt. Da im nachfolgenden Sommer eine üppige Olivenernte einzufahren war, blieb den Reichen nichts anderes übrig, als sich bei Thales gegen teuer Geld die Benutzung der Ölpressen zu erkaufen. »Seht ihr, so schnell kann ein Philosoph reich werden«, lächelte Thales.

Fischer zogen aus dem Netz einer ihrer Fänge einen goldenen Tisch von immenser Größe und atemberaubendem Wert hervor. Als dies bekannt wurde und die Herkunft des Tisches umstritten war, schickte man Boten zum delphischen Orakel, um dort zu fragen, was damit anzufangen sei. Das Orakel antwortete, man solle den Tisch dem Weisesten geben. Die Leute entschieden sich dafür, Thales den goldenen Tisch zu überlassen, weil er als der Weiseste galt. Dieser wollte ihn nicht behalten, sondern gab ihn Bias, einem anderen der Sieben Weisen. Auch jener wollte ihn nicht und gab ihn dem Dritten der Sieben Weisen weiter, der diesen auch ablehnte. Schließlich gelangte der

Tisch zum Siebten der Sieben Weisen, zu **Solon**. Solon schickte den Tisch nach Delphi zu Apollo mit der Begründung, niemand sei weiser als ein Gott.

Von den Göttern wurde **Pythagoras** gefragt, welche Gabe er von ihnen erhalten wolle, außer der Unsterblichkeit. Pythagoras antwortete: Ein gutes Gedächtnis. Und so war es dann auch. Er konnte sich nicht nur an die üblichen Dinge gut erinnern, sondern auch an seine früheren Leben, die seine Seele durchlebt hatte. Pythagoras war der Sohn des Gottes Hermes und hieß ursprünglich Athialides; nach dessen Tod ist er als Euphorbos, danach als Hermotimos, dann als Phyrros und schließlich als Pythagoras wiedergeboren worden.

Als Pythagoras eines Tages seinen Schenkel entblößte, war der aus purem Gold; und als er einst den Fluss Nessos überschritt, habe der Fluss – wie der Philosoph versicherte – mit ihm gesprochen.

Eine wilde Bärin fiel immer wieder in ein Dorf ein, bis die Bewohner **Pythagoras** um Hilfe baten. Geradewegs ging der Philosoph zur Bärin, mit dem Ziel, sie zur Umkehr ihres verkehrten Lebensweges zu bewegen. Nachdem er die Bärin angesprochen hatte, erzählte sie ihm ihre Sorgen. Pythagoras fütterte sie mit Gerstenkuchen und Baumfrüchten. Schließlich nahm er ihr noch den Eid ab, dies nie wieder zu tun. Dann trollte sich die Bärin von dannen.

Pythagoras glaubte, ein lebender Gott zu sein. Unverfroren behauptete er auch, er habe schon oft Unterweltfahrten in den Hades unternommen. Spitzbübisch fragte ihn deswegen einer, ob es ihm etwas ausmachen würde, einen Brief seinem Vater im Hades zu überreichen, er könne auch gleich das Antwortschreiben mitbringen!

Es ist drei Liter vor acht …: Athenaeus berichtete, dass **Platon** eine Art Zeitmessinstrument erfunden hat, eine Wasseruhr, die er während der Nacht oft gebrauchte, um auch dann die Zeit zu wissen, wenn die Sonne sie nicht mehr verriet.

In einer Geschichte, die Cassius Dio berichtete, wird erzählt, dass Kaiser-Philosoph **Marc Aurel** bei einem seiner vielen Kämpfe in Gefahr stand, den Kürzeren zu ziehen. Er hatte aber gehört, dass in einer Legion viele Christen seien, die einen mächtigen Gott anbeteten. »Bittet euren Gott um Hilfe«, flehte er. Tatsächlich wurden bei dem bald darauf folgenden Angriff zahlreiche Gegner durch einen Blitz getötet. Der Sieg fiel gegen jegliche Erwartung Marc Aurel zu. Die Legion trug danach den Ehren-Namen »Blitzschlag«-Legion.

Iamblichos wurde von seinen Schülern sehr verehrt. Dass der pythagoreische Philosoph die Angewohnheit hatte, nicht zusammen mit seinen Schülern zu essen, sondern lieber allein zu sein, wunderte die Schüler. Sie begannen untereinander zu tuscheln.

Eines Tages stellten sie ihn zur Rede: »Meister, warum sucht Ihr die Einsamkeit? Die Sklaven berichten, dass Ihr zu den Göttern betet und dabei drei Meter über dem Boden schwebt. Ja sie sagen, dass Eure Kleider und Euer Körper ganz golden werden.« Iamblichos schüttelte lachend den Kopf und sagte: »Ab jetzt essen wir wohl besser gemeinsam.«

Erstaunliche Fähigkeiten beim Verfassen seiner Schriften entwickelte **Plotin**. Da er ziemlich kurzsichtig war und dadurch weder gut schreiben noch Geschriebenes wieder durchlesen konnte, verfasste der Neoplatoniker seine Werke von Anfang bis Ende im Kopf. Nach Beendigung der Geistesarbeit kritzelte Plotin alles in einem Zug nieder. Während er schrieb, konnte er anderen zuhören und sogar locker plaudern.

Zu seinem Beinamen »Venerabilis«, der Ehrwürdige, kam **Beda** mit Gottes Hilfe, denn der Mönch, der den Grabstein von Beda machen sollte, meißelte in Stein: »Hier liegen die Knochen von Beda.« Am nächsten Tag stand aber auf dem Grabstein geschrieben: »Hier liegen die Knochen von Beda, dem Ehrwürdigen.«

Dass das Werk *Proslogion* entstand, ist ein Glücksfall. Während **Anselm von Canterbury** auf seiner Klosterpritsche schlief, überkam ihn eine göttliche Offenbarung. Er fand sämtliche Antworten auf alle philosophischen Fragen. Rasch kritzelte er sie auf einige Wachstafeln und gab sie einem Bruder zur Aufbewahrung.

Als er sie am nächsten Tag durchlesen wollte, waren die Tafeln nicht mehr auffindbar. Nervös strengte Anselm sein Gedächtnis an. Erneut schrieb er auf Wachstafeln, was er noch im Gedächtnis hatte. Wieder übergab er sie einem Mönch seines Vertrauens, welcher sie über Nacht sogar mit in sein Bett nahm.

Aber am nächsten Tag lagen die Tafeln auf dem Boden und das harte Wachs lag in kleinen Stücken daneben. Nach einem Stoßseufzer ließ Anselm die Tafeln, so gut es noch ging, wieder zusammensetzen und auf Pergament abschreiben, woraus schließlich das Werk *Proslogion* wurde.

Anselm von Canterbury war ein wunderbarer Philosoph. Er wurde betend in einer Feuerkugel erspäht. Bei einem anderen Vorfall wurde bezeugt, dass er durch Wände hindurchsehen könne. Ein Adliger bat eines Tages darum, das Wasser trinken zu dürfen, mit dem sich Anselm die Hände gewaschen hatte. Als ihm das gewährt wurde, gesundete er von einer eitrigen Schwellung, die ihn jahrelang geplagt hatte. Ebenso wurde ein kranker Mönch von einem Fieber geheilt, als er einen Speiserest von Anselms Teller heimlich verzehrte.

Räuber überfielen die Karawane, die den Leichnam von **Moses Maimonides** trug. Jedoch konnten sie den

Sarg, den sie ins Meer werfen wollten, nicht anheben. Darauf sagten sie verblüfft: »Hier drin ruht offensichtlich ein gewichtiger Mann!«

Über das technische Können von **Albertus Magnus** gibt es viele Legenden. Eine davon trug sich zu, als sein Schüler Thomas von Aquin in seine Werkstatt kam. Plötzlich näherte sich ihm ein kleines Monster, das »Salve, Salve« rief. Erschrocken griff Thomas nach seinem Stock und zertrümmerte das unheimliche Ding. Albertus schlug die Hände über dem Kopf zusammen: »Was hast du gemacht, du hast die Arbeit von dreißig Jahren zerstört.« Dabei handelte es sich um eine Art Roboter, der laufen konnte und »Salve, Salve« sagen. Der Mechanismus wurde durch Quecksilber angetrieben.

Albertus Magnus, vom Volk mit »Magier« tituliert, rettete dem Papst das Leben, als die beiden zur See von sechs Piratenschiffen angegriffen wurden. »Erlaubt Ihr mir zu tun, was ich tun kann?«, fragte Albertus den Papst. Der heilige Vater nickte ängstlich mit Blick auf die heranrückenden Seeräuber. Albertus schlug seinen Mantel zurück und machte einige Gesten. Die Schiffe verbrannten sofort vor den Augen des Papstes.

Es wird berichtet, dass **Albertus Magnus** die Baupläne für den Kölner Dom ausarbeitete. Allerdings fiel ihm nicht ein, wie die fertige Kirche aussehen sollte. Da fastete Albertus eine Woche lang in seiner Zelle. Plötzlich erschien die Jungfrau Maria, im Gefolge zwei berühmte Architekten der Antike. Sie malten den Grundriss des Kölner Doms an die Zellenwand. Alles, was Albertus noch zu tun hatte, war, die Pläne abzumalen.

Am Tage vor seiner mündlichen Doktorprüfung war **Thomas von Aquin** ganz verzweifelt. Kniend saß er in seiner Kammer und weinte unendlich viele dicke Tränen. Da erschien ihm ein Engel: »Thomas, warum weinst du?« – »Herr, ich weiß nicht, über welchen Bibeltext ich morgen sprechen soll.« – »Warum nimmst du nicht den Psalm 104: Du tränkst die Berge aus deiner Kammer.« Da musste Thomas lachen. Er nahm tatsächlich diesen Psalm bei der Prüfung.

Reginald hörte eines Nachts Stimmen aus der Nachbarzelle des Klosters, in der **Thomas von Aquin** lebte. Es schien ein lebhaftes Gespräch stattzufinden. Nach einer Weile kam Thomas zu ihm hereingestürzt. »Schnell Licht! Und bringt das Manuskript, an dem ich gerade arbeite.« – »Warum denn?«, fragte sein Schreiber Reginald. »Gerade waren Petrus und Paulus bei mir, und sie sagten ich solle einige schiefe Stellen überarbeiten.«

Thomas von Aquin zementierte mit seiner Philosophie die katholische Theologie. Viele hielten ihn für göttlich inspiriert, weil er beim Nachdenken völlig weggetreten schien, als habe sich sein Geist vom Körper gelöst. Zwei Mönche kamen eines Tages in die Kirche und sahen Thomas von Aquin in Gedanken – und einen Meter über dem Boden schwebend. Staunend sagte der eine zum anderen: »Sein Körper will dahin, wo sein Geist schon ist!«

Wenn der Mönch **Roger Bacon** über die Natur schrieb, setzte er sich nicht mehr mit den Schriften von Aristoteles zur Natur auseinander, sondern experimentierte lieber. Wie unheimlich seinen Zeitgenossen das war, dokumentiert die Geschichte vom sprechenden Kopf. Bacon soll nämlich einen bronzenen Kopf konstruiert haben, dem die Gabe der Sprache, ja der philosophischen Zweideutigkeit gegeben war. »Zeit ist ... Zeit war ... Zeit ist weg«, wiederholte der Kopf nämlich immer wieder. Nachdem der Kopf eine Weile so gesprochen hatte, explodierte er mit Feuer und Rauch.

Der König bat **Roger Bacon**, ihm bei der Belagerung einer als uneinnehmbar geltenden Stadt zu helfen. Der Philosoph bat sich Almosen für die Ärmsten aus. Dann ließ er drei Tage lang einen großen Hügel aufschütten. Er stieg hinauf. Mit speziellen Linsen und der Hilfe von gebündelten Sonnenstrahlen entzündete er aus sicherer Entfernung sowohl die Stadthalle als auch mehrere andere Häuser. Die machtlosen Stadtbewohner mussten aufgeben.

Als ein Vater von drei Söhnen starb, hatte er die Gelegenheit verpasst, seine riesigen Ländereien gerecht aufzuteilen. Die drei Söhne baten den König um Rat, weil eine blutige Auseinandersetzung fast unvermeidlich schien. Der König wiederum bat **Roger Bacon** um Hilfe, wem man das Land vermachen sollte.

Der Philosoph ließ die schon halb verfaulte Leiche des Vaters ausgraben und an einen Pfahl binden. Wer von den Dreien aus hundert Schritt Entfernung dem Vater mit Pfeil und Bogen am genauesten ins Herz treffen würde, der solle den Besitz erhalten. Die ersten beiden Brüder zielten ihren Pfeil sicher in die Brust des Leichnams, nur der Jüngste weigerte sich, weil er seinem Vater nicht ins Herz schießen konnte. Dieser, so entschied Roger Bacon, sollte das Erbe bekommen.

Als **Blaise Pascal** erst ein Jahr alt war, passierte etwas Seltsames mit ihm. Jedes Mal brach der kleine Philosoph in einen schrecklichen Weinkrampf aus, wenn er fließendes Wasser bemerkte. Dasselbe geschah, wenn er Vater und Mutter gleichzeitig erblickte. Wundergläubig wie man damals war, glaubte man, es könnte sich um die Rache der alten Frau handeln, der die Mutter ein Almosen verweigert hatte. Man ließ sie suchen, fand sie und veranlasste sie unter Prügeln, die Wahrheit zu sagen. Schließlich gestand die Frau, Blaise verzaubert zu haben. Zerknirscht bot sie ihre Hilfe an.

Zuerst versuchte sie, den Fluch auf eine Katze zu übertragen. Das Ergebnis dieser Blitzableitertechnik war lediglich eine tote Katze, aber kein gesundes Kind.

Doch ein erneuter Versuch, ein Zauberspruch und neun magisch übereinander gelegte grüne Blätter heilten Pascal.

Als Kind lernte **Blaise Pascal** nur wenig Mathematik. Sein Vater hatte ihm verboten, sich mit ihr zu beschäftigen. In dessen Bibliothek stieß er zufällig auf ein Buch von Euklid. Was darin geschrieben war, verstand er zwar nicht, doch bemerkte er neben einigen Zeichnungen immer wieder die Wörter »Definition« und »Axiom«. In seinem Zimmer begann er nun über das Gesehene nachzudenken. Völlig selbständig entdeckte Pascal die mathematischen Regeln des Euklid neu, indem er diese Begriffe auf geometrische Figuren anwandte.

Im Alter von 18 Jahren erfand **Pascal** eine Rechenmaschine. Manche halten sie für den ersten Computer. Der Vater unterstützte das Projekt und bezahlte dem Wunderkind einige Arbeiter, die beim Bau der Maschine halfen. Immerhin planten die beiden die Serienproduktion, nachdem sie das Patent angemeldet hatten.

Tatsächlich funktionierte das Gerät, das »La Pascaline« getauft wurde. Doch die Herstellung war immens teuer (50 Pistolen), und die Maschine, die lediglich multiplizieren und dividieren konnte, war zu schwer zum Tragen. Außerdem machte sie auch andauernd Rechenfehler.

Pascal unterhielt sich an einem Abend mit seinem Vater. »Gott hat mich heut auf wunderbare Weise beschützt. Ich bin heute geritten, mein Pferd ist gestrauchelt, es ist auf mich gefallen und trotzdem lebe ich noch.« Der Vater antwortete: »Mich hat er noch wunderbarer beschützt. Mein Pferd ist 20 Kilometer geritten und es ist nicht gestrauchelt.«

Am 23. November 1654 hatte **Blaise Pascal** ein religiöses Bekehrungserlebnis. Tags zuvor fuhr er mit der Kutsche über eine Brücke, die Pferde scheuten und die Kutsche stürzte in die Tiefe. Pascal hatte Glück und wurde auf die Straße geschleudert. In der Nacht erschien ihm in einem Lichtrausch Jesus.

Für den Rest seines Lebens trug Pascal in seinen Mantel eingenäht einen Zettel, auf dem stand: »Gott von Abraham, Isaac, Jakob, nicht der Gott der Philosophen. Freude, Freude, Freude, Tränen vor Freude. Dich zu kennen bedeutet ewiges Leben. Jesus Christus. Ich werde nicht vergessen, was du gesagt hast.«

Schon früh starben **Leibniz'** Eltern. Da er niemanden hatte, brachte er sich ohne Lehrer, nur mit Hilfe von illustrierten Büchern, die lateinische Sprache bei, die er wenige Jahre später, ebenso wie die griechische, ausgezeichnet beherrschte.

Leibniz wurde von der Frau des Dekans wieder heimgeschickt, als er darum bat, an der juristischen

Fakultät promovieren zu dürfen. Kein Wunder, Leibniz war erst 14 Jahre alt. Er konnte sämtliche lateinischen Dichtungen des Vergil auswendig. Sein Lerntempo beim Memorieren gab er selbst mit dreihundert Zeilen pro Tag an.

Rousseau konnte schon im Alter von nicht 'mal drei Jahren lesen. Sein Vater brachte es ihm bei. Da der Familie hauptsächlich die Liebesromane der Mutter zur Verfügung standen, lasen sie diese zusammen. Der fünfjährige Rousseau war ein gieriger Leser. Oft dauerte die gemeinsame Lektüre die ganze Nacht und zog sich bis zum Morgen hin. Irgendwann bat der Vater dann: »Mein Sohn, ich muss ins Bett, ich bin mehr Kind als du es bist.«

Bereits im Alter von drei Jahren konnte **Voltaire** die ganze Geschichte von Moses auswendig hersagen.

Ein Adliger, Ernst Haubold von Miltitz, besuchte das Dorf, in dem der neunjährige **Fichte** die Gänse hütete, um die Predigt des Pfarrers zu hören. Leider kam er zu spät. Man erzählte ihm aber, dass der junge Fichte die Predigten des Pfarrers auswendig wusste. Tatsächlich konnte Fichte fast wortwörtlich die Sonntagspredigt hersagen. Der Adlige beschloss daraufhin, sich um die Erziehung des Knaben zu kümmern.

John Stuart Mills Vater wollte seinen Sohn zum Geistesgiganten ausbilden. Er brachte ihm schon früh Griechisch und Latein bei. Mill berichtete: »Ich musste auf Griechisch Herodot, Xenophon und Diogenes Laertios lesen. Danach im Jahre 1813 folgten die ersten sechs platonischen Dialoge. Der siebte wurde ausgelassen, wahrscheinlich, weil er zu schwierig war.« Recht hatte er, denn auch siebenjährige Kinder haben ihre Grenzen.

Auguste Comte erschuf im Namen seiner Philosophie eine neue, positivistische Religion. Im Zentrum stand das »große Sein«, das es anzubeten galt. Seine verstorbene Frau erklärte er zur Heiligen, zu der ebenfalls gebetet werden durfte. Schließlich wollte er den Kalender reformieren (er erhöhte die Monatszahl auf 13). – Abstruse Ideen eines absonderlichen Denkers. Trotzdem, auf der brasilianischen Flagge steht »ordem e progresso« (»Ordnung und Fortschritt«), ein Motto aus Comtes Werken. Sich auf einer Flagge zu verewigen, hat kein anderer Philosoph geschafft.

Da der Lehrer von Edmund Husserl, **Franz Brentano**, von schwächlicher Natur war, knöpfte er, bevor er das Haus verließ, seinen Überrock aufs Peinlichste genau zu, damit er sich gegen den Wind schützen konnte. Trotzdem durchschwamm er noch als 60-jähriger bei Schönbühel die Donau.

Nietzsche lernte erst im Alter von zweieinhalb Jahren sprechen. Die besorgte Mutter konsultierte den Arzt, um nach den Gründen zu forschen. Der Arzt erklärte: »Man liest ihm alle Wünsche von den Augen ab, das ist das Problem.« Vom ersten Wort (»Omama«) bis zur ersten Professur als Altphilologe im Alter von 25 Jahren, brauchte er nur ungefähr 22 Jahre.

»Gott ist tot!« war der Wahlspruch des reifen **Nietzsche.** Als 14-jähriger notierte er sich in sein Tagebuch: »Als ich 12 war, habe ich Gott in seiner ganzen Herrlichkeit erblickt.«

Als **Nietzsche** noch Schüler war, unterhielt er sich mit anderen Jungen über Mucius Scaevola, den Römer, der seine Hand für Rom im wörtlichen Sinne ins Feuer gelegt hatte. Die Schüler meinten, dass dies nicht möglich sei. Da zündete sich Nietzsche einige Streichhölzer an und ließ sie auf seiner Handfläche abbrennen. Mit großen Brandblasen, aber ungerührt ertrug Nietzsche die Hitze.

Wittgenstein war ein tüchtiger Ingenieur. Schon als Knabe baute er zum Staunen seiner Familie eine funktionierende Nähmaschine.

7. Väterchen Tod vs. Die Philosophen

Wie die Philosophen von uns gingen und was sie zu ihrem und anderer Leute Tod sprachen

Anaxagoras, der Naturphilosoph, war in seiner Heimat ein angesehener Mann. Als sein letztes Stündlein schlug, fragten ihn die Stadtoberen, ob er denn einen letzten Wunsch habe. Anaxagoras äußerte: »Ich wünsche, dass an meinem Todestag die Kinder, so viel und so lange sie wollen, spielen dürfen.« Tatsächlich wurde dies als Tradition eine lange Zeit eingehalten.

Als der weise Gesetzgeber Solon den hochberühmten Denker **Thales** besuchte, wunderte er sich, dass Thales unverheiratet war und keine Kinder hatte. Thales zuckte nur mit den Achseln und sagte gar nichts.

Einige Tage später fragte Solon einen Sklaven, der vor kurzer Zeit Athen verlassen hatte, ob es Neuigkeiten gäbe: »Nichts Besonderes, außer das Begräbnis eines jungen Mannes, zu dem die ganze Stadt kam« – »Was für ein junger Mann war das denn?« – »Der Sohn eines sehr angesehenen Mannes, der seit längerer Zeit auf Reisen ist.« Solon wurde immer blasser: »Weißt du den Namen des jungen Mannes?« – »Nein, Herr, das weiß ich nicht.« Dann, nach einigem Überlegen: »Aber es handelt sich dabei wohl um Solons Sohn.« Da begann sich Solon vor Trauer und Verzweiflung gegen den Kopf zu schlagen und jammerte bitterlich.

Plötzlich kam Thales hinter einem Vorhang hervor und sagte: »Siehst du Solon, das ist der Grund, warum ich nicht heirate, weil die Trauer über einen Verlust unerträglich ist.«

Als er den verzweifelten Solon noch eine Weile angeblickt hatte, gestand er: »Ach ja, nichts von all dem ist übrigens wahr. Ich habe dem Sklaven aufgetragen, das zu sagen, damit du dies lernst.«

Ein Freund von **Solon** trauerte wegen des Todes eines Familienmitglieds. Da führte ihn Solon hoch über die Stadt und sagte: »Schau dich um. Es gibt so viel Leid unter diesen Dächern. Dieses gab es früher, dieses existiert heute und dieses wird auch morgen noch sein. Hör auf, das Unglück des Lebens und dein eigenes zu beweinen.«

Während **Pythagoras** friedlich zu Besuch bei einem Bekannten in Milon war, braute sich Übles zusammen. Einem abgelehnten Schüler war es gelungen, die Bewohner der benachbarten Stadt gegen Pythagoras aufzuhetzen. Er hatte nämlich das Gerücht verbreitet, dass der Philosoph die Alleinherrschaft anstrebe. Ein Mob zog vor die Stadt, zum Haus, wo Pythagoras als Gast weilte. Sie warfen brennende Fackeln auf das Dach und schnell brannte alles lichterloh. Pythagoras gelang es aber zu entkommen.

Seine Flucht endete vor einem Bohnenfeld. Da sagte er: »Besser sterben als in ein Bohnenfeld zu gehen.« Für ihn waren Bohnen heilig. Er hatte nämlich entdeckt, dass zerkaute und ausgespuckte Bohnen wie Sperma rochen – und so die Zeugungskraft des Universums symbolisierten. Dort, vor dem Bohnenfeld wurde er von den Verfolgern gestellt und erschlagen.

Die Pythagoreer glaubten an die Wiedergeburt der Seelen und die Macht der Musik, um Seele und Körper zu besänftigen. **Empedokles** hatte einmal mit Musik einen Mord verhindert, denn mitten in ein Gastgelage stürmte ein wutschnaubender junger Mann und wollte seinen Gastgeber, Anchitos, mit dem Schwert enthaupten. Anchitos hatte in seiner Funktion als Richter dessen Vater zum Tode verurteilt. Empedokles spielte gerade die Leier, aber reagierte geistesgegenwärtig: Er griff eine andere Tonart und spielte etwas Trauriges. Das rührte den jungen Mordgesellen. Er ließ ab von seinem finsteren Vorhaben.

Die Pythagoreer hatten großes Interesse für Musik. Ein Hirte berichtete dem Pythagoreer **Eurytos**, noch am ganzen Körper zitternd, dass er während der Mittagszeit Gesang aus dem Grab von seinem ehemaligen Lehrer gehört habe. Dieser Lehrer aber war schon viele Jahre tot. Eurytos wurde ganz aufgeregt: »Bei den Göttern«, rief er, »welche Melodie sang er?«

Als **Sokrates** aus der Todeszelle hätte fliehen können, da tat er es nicht, mit der Begründung: Wo kämen wir hin, wenn niemand sich an die Anordnungen des Staates hielte. Er wurde gefragt: »Ist es nicht unerträglich, dass du ungerecht hingerichtet wirst?« – »Ja, wäre es denn besser, wenn ich mit Recht getötet würde?« – »Sokrates, willst du für deine letzten Stunden gute Kleidung?« – »Wenn diese Kleidung, die ich trage, gut genug war, um darin zu leben, ist sie es auch, um darin zu sterben« – »Oh Sokrates, du bist von den Athenern zum Tode verurteilt!« – »Das sind die Athener auch, durch die Natur!«

Wie starben **Platon** und Aristoteles? Platons Ende ist schmucklos: »Er starb bei einem Hochzeitsmahl«, schrieb Diogenes Laertios. Cicero dagegen meinte: »Er starb, während er schrieb.« Schließlich glaubte Tertullian: »Er starb im Schlaf.«

Von Aristoteles' Ableben kursieren zwei Fassungen. In der einen Version wird auch er wie Sokrates verurteilt und muss einen Giftbecher mit zerstampftem Eisenhut trinken. In der anderen entfloh er seinen Häschern mit den Worten: »Es soll den Athenern nicht ein zweites Mal die Chance geboten werden, einen großen Philosophen umzubringen.«

Demokrit stand abseits der wichtigen Athener Philosophen. Sein Verhältnis zu den anderen Philosophen fasste er auf die Weise zusammen: »Ich kenne Sokrates, aber er mich nicht.«

Im hohen Alter spürte er den Tod nahen, aber da in seiner Heimatstadt das Fest der Persephone begann, wollte er nicht ausgerechnet in diesen Tagen sterben.

Seiner Schwester trug er also auf, täglich ein frisches Brot zu backen, an dem er eine Weile schnüffeln wollte. Vielleicht würde ihm ja Persephone, die Toten- und gleichzeitig Getreidegöttin, einen Aufschub gewähren. Tatsächlich überstand Demokrit so die Festtage und starb im Alter von 109 Jahren kurze Zeit später.

Über **Diogenes'** Ende gibt es zahlreiche Erzählungen. Die einen sagen, er wäre von Hunden gefressen worden, andere sagen, er hätte eine giftige Pflanze gegessen, wiederum andere meinen, er hätte einfach die Luft angehalten, bis er tot gewesen sei. Seine Schüler fanden Diogenes' Leichnam in seinen Mantel gewickelt. Diogenes' letzter Wunsch war es gewesen, dass sein toter Körper den Hunden zum Fraß vorgeworfen werden sollte.

Zenon von Kition erwürgte sich selbst. Er war nämlich beim Verlassen seiner Schule gestolpert und hatte sich dabei die Hand verletzt. Das hielt er für eine Einladung des Hades und beendete sein Dasein.

Eukleides war wegen seiner Schlagfertigkeit und seiner Scharfsinnigkeit landauf, landab berühmt. Doch als er ein ihm von Ptolemaios Soter vorgelegtes Problem nicht sofort beantworten konnte, schlich er sich mit unterdrückten Tränen davon und schrieb eine Abhandlung über diese Frage. Als diese beendet war, brachte er sich um.

Bion ertrug seinen Tod wenig philosophisch, denn sein Leben war voller Sünde gewesen. Als er krank wurde, reute ihn sein Tun. Er behängte sich von oben bis unten mit Amuletten. Dann besprühte Bion seine Behausung mit süßen Düften und verbrannte Fett und Räucherwerk über dem Herd. Dabei murmelte er: »Ich habe gefehlt, ich habe gefehlt, verzeiht mir.«

Da aber die Krankheit nicht besser wurde, bat er eine Hexe zu sich, die mit Zaubersprüchen und Hokuspokus etwas ausrichten sollte. Rasch war das Zimmer voller Schwarzbeer- und Lorbeerzweigen, während Bion immer wieder schrie: »Ich bin zu allem bereit, nur nicht zum Sterben.« Aber er starb doch.

Der Philosoph **Theodorus** wurde von einem Tyrannen bedroht: »Wenn du dich nicht fügst, werde ich dich töten und dich hinterher nicht mal begraben lassen!« – »Mach was du willst, mein Leben hast du in der Hand. Aber ein Dummkopf bist du, wenn du glaubst, dass es mir nicht egal ist, ob ich über oder unter der Erde verfaule.«

Als **Cicero** Praetor war, also der höchste Justizbeamte, wurde der angesehene Bürger Licinius Macer wegen Erpressung angeklagt. Doch der Angeklagte hatte viele mächtige Freunde, unter anderem Crassus, den reichsten Bürger weit und breit. So sicher war Licinius, dank seiner Beziehungen nicht verurteilt zu werden, dass er heimging, während die Richter sich über das Urteil berieten. Dort zog er sich die schönsten Kleider an, damit er triumphal aussehen würde, wenn er als Sieger den Gerichtssaal verließe.

Als Licinius aber so gewandet vor dem Gerichtssaal erschien, kam ihm Crassus schon entgegen, mit der Nachricht, dass er einstimmig verurteilt worden sei. Daraufhin machte Licinius kehrt und ging nach Hause. Völlig verstört warf er sich auf sein Bett, blieb ohne zu essen oder zu sprechen liegen und starb. Ciceros Gerechtigkeit kannte keine Ausnahmen.

Epiktet fragte seinen Schüler: »Der Tod trifft den Bauer beim Säen, den Seemann beim Schifffahren. Bei welcher Tätigkeit möchtest du den Tod erleiden?«

Marc Aurels Ende am 17. März des Jahres 180 n. Chr. ereignete sich im Heereslager, wo er von einer Krankheit gezeichnet dem Tod entgegen sah. (Sein Arzt beschleunigte angeblich den Krankheitsverlauf, um damit dem Nachfolger Commodus einen Gefallen zu tun.) Zusehends vernebelte sich sein Geist. Als der Militärtribun hereintrat und nach der Losung für den Tag fragte, antwortete Marc Aurel: »Geh lieber hinaus zur aufgehenden Sonne, denn ich gehe gerade unter.«

Der kynische Philosoph **Peregrinus** erschlug seinen Vater. Älter als 60 Jahre zu werden, hielt Peregrinus nämlich für eine Schande. Diese Form von Sterbehilfe war den antiken Behörden etwas zu aktiv und der Philosoph suchte rasch das Weite.

Die Kirchenväter, die ersten christlichen Theologen und Philosophen, waren begierig darauf, als Märtyrer zu sterben. Hier ein Auszug eines Briefes von **Ignatius von Antiochia**, den er, kurz nachdem er verhaftet worden war, geschrieben hat: »Von Syrien bis Rom kämpfe ich ohnehin schon mit brutalen Bestien, da ich unter zehn wilden Leoparden bin; ich meine damit die Soldaten, die mich bewachen. Hoffentlich sind die Löwen im Zirkus auf mich vorbereitet; ich werde sie sogar dazu ermuntern, mich schnell zu fressen. Und wenn sie trotzdem nicht wollen, werde ich sie dazu zwingen. Sie sollen meine Knochen zerbrechen, meine Glieder zerreißen, meinen Körper zerfetzen; alle Foltern des Teufels sollen über mich kommen, damit ich später die Freude des Himmels genießen kann.«

Ambrosius, Bischof von Mailand und einer der ersten Philosophen der Kirche, setzte sich für die Menschen seiner Gemeinde ein. Als Ambrosius erfuhr, dass einer von diesen zum Tode verurteilt worden war und gerade zum Richtplatz gebracht würde, eilte er zum Stadtpräfekten. Jener war gerade inmitten einer privaten Zirkusvorführung und durfte nicht gestört werden. Ambrosius versteckte sich am Eingang. Als die wilden Tiere hereingelassen wurden, betrat er zusammen mit ihnen die Arena und bat den Stadtpräfekten von dort aus um Gnade für den Verurteilten, die ihm gewährt wurde.

Der Hinrichtung eines Unschuldigen verdankt die Nachwelt eines der wichtigsten Werke der Philosophie: Das Werk *Trost der Philosophie* von **Boethius** entstand, während er auf seine Exekution in der Zelle warten musste.

Eigentlich war der Philosoph ein sehr angesehener Berater am Hofe des Königs Theoderich. Aber das Ränkespiel um Macht und Einfluss zu Beginn des Mittelalters war mörderisch. Neidern gelang es schließlich, dem König vorzugaukeln, Boethius plane eine Intrige gegen ihn. Ohne langes Federlesen warf dieser Boethius ins Gefängnis und ließ ihn dort unter zahlreichen Folterungen ein Jahr lang schmoren.

Als eines Tages seine Mörder in die Zelle kamen, wusste Boethius sofort, wem die Stunde geschlagen hat. Sie packten ihn, banden ihm ein Seil um den Kopf und zurrten es so brutal fest, dass dem Philosophen beinahe der Schädel platzte. Vor Schmerz traten ihm die Augen aus den Höhlen. Als die Schergen ihren Spaß gehabt hatten, gaben sie sich ein stummes Zeichen und mit ultimativer Wucht erschlug einer von ihnen Boethius mit einer Keule.

Theoderich hatte **Boethius** hinrichten lassen. Eine Untat, die sich rächte. Denn einige Zeit später servierte man ihm zum Abendessen einen Fisch. Und als er gerade ein Stück davon abbeißen wollte, entdeckte er etwas Schlimmes: Der Fisch hatte fast dasselbe Gesicht wie Boethius. Daraufhin bekam der König Schüttelkrämpfe. Man legte ihn ins Bett, man wärmte ihn, man braute ihm eine warme Suppe. Nichts half … wenige Tage später starb Theoderich.

Kurz vor seinem Tod gab **Beda Venerabilis** noch Unterricht. Als seine Schüler nicht sofort verstanden, was er erklärte, sagte er: »Versteht schneller, ich bin nicht mehr lange da, um es euch zu erklären.«

Als **Dionysius Areopagita** eine Sonnenfinsternis beobachtete, glaubte er, das Ende der Welt sei gekommen. Er sagte: »Entweder leidet ein Gott oder die Mechanik der Welt löst sich auf.«

Die Schriften des irischen Mönches **Johannes Eriugena,** der um 800 bis 880 n. Chr. lebte, stießen nicht nur zu Lebzeiten auf die Ablehnung des Papstes. Sowohl 1225 als auch 1585 wurden sie als ketzerisch verdammt, 1681 auf die Liste der verbotenen Bücher gesetzt. Als sich Johannes Eriugena am Lebensende in das Kloster Malmesbury zurückzog, wurde er von seinen Mönchen mit ihren Schreibfedern erstochen. Dabei riefen sie: »Johannes, denke zuerst nach, bevor du etwas schreibst.«

Als sich **Anselm von Canterburys** Ende in seinem 76. Lebensjahr bereits abzeichnete, sagten seine Schüler zu ihm: »Wir sehen, dass Ihr zu Ostern nicht mehr unter uns weilen werdet«, worauf Anselm sagte: »Wenn das Gottes Wille ist, dann gehorche ich. Schön wäre es aber, wenn er mich erst zu sich rufen würde, nachdem ich die Frage nach dem Ursprung der Seele vollends gelöst habe.«

Anselm von Canterburys Leiche passte nicht in den Sarg. Zwar war der Sarg lang und breit genug, aber es fehlte an Höhe. Die ratlosen Mönche standen vor ihrem toten Abt und wussten nicht, was zu tun war. Dann legte einer den Bischofsstab quer über den Körper des Philosophen und so zusammengestaucht konnte der Deckel des Sarges geschlossen werden.

Auf dem Grabstein von **Moses Maimonides** stand geschrieben: »Von Moses bis Moses war niemand wie Moses.«

In der Nacht, nachdem **Thomas von Aquin** gestorben war, erschien er einem seiner Ordensbrüder im Schlaf. Thomas sprach: »Übergib das dem Orden daheim« und überreichte ihm einen Brief. Als der Bruder aufwachte, spürte er immer noch etwas in seiner Hand. Rasch alarmierte er andere und ließ Licht herbringen. Ehrfürchtig öffneten sie den Brief. Dort stand: »Liebe Brüder, ich lehre jetzt Philosophie im himmlischen Jerusalem.«

Wenn Philosophen gleichzeitig Heilige sind, dann ist ihr Leichnam vor Grabräubern nicht sicher. Die Arme von **Thomas von Aquin** wurden abgetrennt und als Reliquie verschickt. Bonaventuras toter Körper dagegen wurde von den Hugenotten durch Feuer zerstört, aber der Anführer des Trupps versteckte unter Lebensgefahr Bonaventuras Kopf bei sich. So wurde er gerettet, ging aber in den Wirren der Französischen Revolution verloren.

Roger Bacon verbrannte, als er alt wurde, sämtliche seiner Zauberbücher. Dann schloss er sich in eine Mönchszelle ein, aus der er nie wieder hervorkam. Lediglich durch die Tür hindurch konnte man mit ihm sprechen. Dort blieb er für zwei Jahre. Schließlich grub er mit bloßen Händen ein Loch, legte sich hinein und starb.

Hätte nicht vorher das Alter **Meister Eckhart** hinweggerafft, wären ihm seine katholischen Brüder dabei zu Hilfe gekommen. Er war nämlich wegen Gotteslästerung angeklagt und musste sich bei einem langen Prozess gegen allerlei Anschuldigungen wehren. Aber eigentlich war das Urteil bereits gesprochen: Nicht nur er, sondern auch seine Anhänger (der Mystik) sollten ausgemerzt werden. Der Erzbischof Heinrich hatte den Inquisitoren zugeraunt: »Seht zu, dass ihr ihn verurteilt bekommt. Wenn dieser Magister von der Bildfläche verschwindet, haben wir gute Argumente gegen die anderen Prediger.«

Die Kirche, deren Mitglieder einst selbst von den Römern wegen ihres Glaubens getötet wurden, brachte ihrerseits, nachdem sie mächtig genug geworden war, Andersdenkende um. **Giordano Bruno** wurde nach mehrjähriger Haft verbrannt, weil er sich weigerte, seine Schriften zu widerrufen. Vor der Urteilsbekanntgabe sagte er: »Ihr habt mehr Angst, das Urteil zu verkünden, als ich habe es zu empfangen.« Auf dem bereits brennenden Scheiterhaufen küsste Giordano Bruno das ihm hingehaltene Kreuz nicht.

Niccolò Machiavelli starb 1527. Kurz vor seinem Ende bemerkte er noch: »Ich wünsche mir, in die Hölle zu kommen und nicht in den Himmel. In der Hölle werde ich die Gesellschaft von Helden, Königen und Philosophen genießen, während im Himmel nur Bettler, Mönche und Apostel sind.«

Spinoza hatte gegenüber seiner jüdischen Heimatgemeinde so viele »abscheuliche Meinungen« geäußert, dass man ihn verbannte. Weder durfte Spinoza die Synagoge betreten noch sich einem Juden mehr als acht Schritte nähern. Die Verärgerung über den gottlosen Philosophen saß tief.

Als er eines Abends eine Theatervorstellung verließ, kam ein Gemeindemitglied auf ihn zu, zückte ein blitzendes Messer und stach auf ihn ein. Glücklicherweise rutschte das Messer ab und blieb in Spinozas Mantel stecken. Das Kleidungsstück mit dem Loch darin bewahrte er noch jahrelang auf.

Kurz vor **Leibniz'** Tod – an den Folgen der Gicht – fragte der Diener, ob er das heilige Abendmahl verlange. Er antwortete schroff: »Sie sollen mich in Ruhe lassen, ich habe niemand etwas zu Leide getan!«

Auf einem Sessel sitzend, die Hände vor dem Gesicht, beendete **John Locke** sein Leben. Er hatte seinen Tod mit äußerster Ruhe kommen sehen. »Solange man lebt, soll man leben!«, sagte er einem Freund. Und kurz vor seinem Ende: »Was mich angeht, ich habe lange genug gelebt und danke Gott für ein schönes Leben, aber das Leben ist nichts anderes als ein Nichts.«

George Berkeleys Tod kam schnell und unvorbereitet. Seine Frau las ihm gerade aus den Werken des Dr. Shylock vor, als er unbemerkt einen Herzinfarkt erlitt. Als seine Tochter ihm eine Tasse Tee anbieten wollte, lag Berkeley bereits tot und erkaltet auf der Couch. Testamentarisch hatte er verfügt, dass er erst fünf Tage nach seinem Tod begraben werden sollte, um nicht als Scheintoter unter die Erde gebracht zu werden. Zu dieser Zeit gab es in vielen Särgen Glocken, die ein Begrabener läuten konnte. Allerdings beklagten sich die Hinterbliebenen Berkeleys nach kurzer Zeit, denn der Leichnam begann zu stinken.

Voltaire sagte immer: »Ich will lachend sterben.« Tatsächlich lag er aber im Sterbebett und musste sich gegen einen Priester wehren, der unerbittlich versuchte, ihn zum Christentum zu bekehren: »Bekennen Sie sich zu Jesus Christus?«, fragte der Priester. »Sprechen Sie mir nicht von diesem Mann«, gab Voltaire zurück. Wütend ging der Priester hinaus. Als er wieder ins Zimmer kam, streckte ihm Voltaire die Hände entgegen und sagte: »Gehen Sie, ich bin tot!«

Auf seinem Sterbebett wurde **Voltaire** dazu aufgefordert, dem Teufel abzuschwören. Dieser verneinte mit der Begründung, dass dies nicht die Zeit sei, sich neue Feinde zu schaffen.

Die letzten Stunden von **Voltaire** waren qualvoll. Er verfiel in schmerzhafte Krämpfe und fiebrige Wahnvorstellungen. Sein Arzt erinnerte sich nur mit Schrecken daran. »Haben Sie Erbarmen, ich bin verrückt, holen Sie mir einen Irrenarzt«, rief Voltaire immer wieder. Dann sagte er halb besinnungslos: »Monsieur, bitte ziehen Sie mich hier raus.« Der Arzt sagte kühl: »Das kann ich nicht, Monsieur, jetzt muss gestorben werden!«

Wie sehr **Voltaire** durch sein Werk Hass und Bewunderung auf sich gezogen hat, lässt sich daran erkennen, was nach dem Tod mit dem Philosophen geschah. Sein Leichnam wurde von einigen empörten Christen – deren Glauben Voltaire zeitlebens angegriffen hatte – wieder ausgegraben und auf den Müll geworfen.

Schon vor dem Begräbnis waren dem Toten Körper Herz und Gehirn entnommen worden. Das Herz ist jetzt in der Bibliothèque Nationale in Paris. Voltaires Gehirn aber wurde versteigert und ist seitdem nicht mehr aufgetaucht. Falls es also jemand bei sich im Schrank stehen hat, sollte er es bitte wieder zurückgeben.

Rousseau stand am Sterbebett der Gräfin de Vercellis. Kurz vor ihrem Tode, da sie schon fast ohnmächtig war, furzte die vornehme Frau. Sie reckte noch einmal ihren Kopf und sagte: »Wer furzt, ist wenigstens nicht tot.« Rousseau schrieb später: »Sie starb wie eine Heilige.«

Adam Smith starb kurze Zeit, nachdem seine geliebte Mutter verschieden war. Am Ende versammelte er seine Freunde um sich und sprach: »Ich genieße ihre Gesellschaft, meine Herren, aber ich muss in eine andere Welt gehen.«

David Hume hatte einen leichten Tod, obwohl er an Darmkrebs litt. Er sagte: »Ich sterbe so schnell, wie meine Feinde es wünschen und so leicht, wie meine Freunde es hoffen.«

James Boswell trat dem sterbenden **Hume** mit dem Ziel gegenüber, ihn von seinen atheistischen Ansichten abzubringen. Hume blieb freundlich, aber kühl: »Der Gedanke, nicht mehr zu sein, schreckt mich genauso wenig wie der Gedanke, einst nicht gewesen zu sein. Ich möchte nicht unsterblich sein.« Humes Haltung deprimierte Boswell so sehr, dass er sich im Anschluss daran in den Armen einer Prostituierten tröstete.

Eine Kerzenmacherin versuchte **Hume**, der nur noch wenige Tage zu leben hatte, von seinem Unglauben abzubringen. Hume ließ sie reden. Als sie fertig war, sagte er: »Gute Frau, ihr wollt mir inneres Licht spenden, wie wäre es, wenn ihr mir erst mal äußeres Licht geben würdet?« Mit einer bedeutenden Kerzen-Bestellung verließ die Frau das Haus.

In **Humes** Testament gab es einen seltsamen Paragraphen, der Humes fröhlichen Charakter gut illustriert. Es ging dabei um Wein, den er seinem Freund John Home hinterlassen wollte: »John Home vermache ich zehn Dutzend Flaschen alten Claret und eine Flasche Portwein. Weitere sechs Dutzend Flaschen Portwein soll er erhalten, wenn er an Eides statt versichert, dass er die Flasche Port an zwei Sitzungen leer getrunken hat.«

In den letzten Monaten vor seinem Tod verfielen **Immanuel Kants** körperliche und geistige Kräfte. Besonders anstrengend für die Leute, die ihn pflegten, war seine bildliche Ausdrucksweise. Wenn er zu Bett gehen wollte, sagte Kant: »Ich will an den grünen Ofen gehen«; wenn das Obst auf dem Teller kleiner geschnitten werden sollte, »ich will Figur, Figur«. Längeres Rätselraten erforderte Kants Ausspruch: »In meinem Teller ist zu viel Meer, aber zu wenig Land«. Das bedeutete, er habe zu viel Brühe, aber zu wenig feste Speise in der Suppe.

Zwar nahm **Kants** Gesundheitszustand in den letzten Lebensmonaten immer mehr ab, aber sein Ende beschleunigte er mit seinem ungebändigten Butterbrotkonsum. Kränkelnd bestand er darauf, jeden Tag »starke Portionen« Butterbrot zu sich zu nehmen. Während er den einen Bissen noch kaute, steckte er sich schon einen großen Löffel geriebenen Käse in den Mund. »Das schadet nicht, das hat noch nie geschadet«, sagte er. Schließlich aß Kant nichts anderes mehr als Butterbrot mit Käse. Das Ergebnis: ein Schlaganfall. Mehrere Tage konnte Kant nicht mehr sprechen. Flüsternd gelangen ihm nach einigen Tagen die ersten Worte. Sie lauteten »Bitte, Butterbrot und Käse«.

Kants berühmte letzte Worte »Es ist gut« beziehen sich übrigens nicht darauf, dass sich der Philosoph in seiner Sterbestunde mit der Welt versöhnt hätte, sondern vielmehr auf die Suppe, die man ihm gerade in den Mund löffelte.

Wie viele andere zu seiner Zeit hatte auch **Schelling** Angst, lebendig begraben zu werden. Seinem Freund Johann Martin Wagner gab er den Auftrag, dafür zu sorgen, dass seine Leiche möglichst lange liegen bleibe. Weiter forderte Schelling zum Grausen von Wagner, dass er ihm, bevor er ihn begrabe, den Kopf abschneiden sollte.

Als **Hegel** auf dem Totenbette lag, sagte er: »Nur einer hat mich verstanden«, aber gleich darauf fügte er verdrießlich hinzu: »Und der hat mich auch nicht verstanden.« (Damit meinte er Marx).

Am Sonntag gegen elf Uhr am 13. November zeigte **Hegel** erste Anzeichen der grassierenden Cholera. Einen Tag später um 5.15 Uhr nachmittags war Hegel bereits tot. Die Ärzte konnten wenig tun. Zudem benutzten sie eine zweifelhafte Therapie. Sie setzten Blutegel und ließen Hegels Unterleib mit Senfteig einreiben.

Es kostete die Witwe die höchste Mühe zu verhindern, dass Hegels toter Körper gemäß Verordnung auf den vorbeiziehenden Choleraleichenwagen geworfen wurde.

Die Frau des Philosophen **Fichte** war an einem starken Fieber erkrankt und rang einige Tage mit dem Tod. Doch auf wunderbare Weise ging es ihr eines Morgens besser. Von der Vorlesung zurückgekehrt, eilte Fichte ans Krankenlager seiner Frau. Überglücklich umarmte er sie – und steckte sich an. Wenige Tage später starb er.

Seine Leiche zu sezieren, hatte **Schopenhauer** mit der Begründung verboten: »Sie haben vorher nichts gewusst, sie sollen auch nachher nichts wissen.«

Am Tag vor seinem Tod schimpfte er noch trotz heftiger Brustschmerzen über den Philosophenkollegen Franz von Baader: »Er ist ein Unausstehlicher.«

Am Morgen des nächsten Tages fiel der 72-jährige Philosoph, als er sich wie üblich mit eiskaltem Wasser gewaschen hatte, tot zu Boden. Sein Ziel war es immer gewesen, möglichst alt zu werden. Warum? Um seine Feinde zu ärgern.

Thomas de Quincey äußerte einmal: »Niemand verdient es, ein Philosoph genannt zu werden, den man nicht wenigstens einmal versucht hat zu ermorden.«

In seinem Tagebuch notierte **Sören Kierkegaard** im April 1836: »Gerade komme ich von einer Party, deren Mittelpunkt ich war. Witze flogen mir regelrecht aus dem Mund, alle lachten, alle bewunderten mich – aber als ich ging, ja der Bindestrich sollte so lang sein wie der Umkreis der Erde – ging ich los und wollte mich erschießen.«

Am Sterbebett wurde **Kierkegaard** nach dem Leben nach dem Tod gefragt. Er erklärte: »Ich glaube ich werde ein Engel sein und Flügel bekommen. Dann werde ich auf einer Wolke sitzen und Halleluja, Halleluja singen. Das klingt vielleicht idiotisch, aber es hängt davon ab, wie man es sagt.«

Dem sterbenden **Bakunin** bot sein Freund eine Suppe an. Dieser gab seine letzten Worte von sich: »Warum noch Suppe? Ich habe mein Liedchen ausgesungen.«

»Elisabeth« war das letzte Wort des sterbenden **Nietzsche.** Gemeint war seine Schwester. Am 25. August 1900 erlag der geistig umnachtete Nietzsche einem Schlaganfall. Seine Schwester ließ ihm, entgegen seinem ausdrücklichen Wunsch, ein christliches Begräbnis zukommen.

Am 7. Februar 1938, nachdem sich **Edmund Husserls** Krankheit verschlechtert hatte, sagte er zur Nachtschwester: »Ein Buch möchte ich noch fertig machen, das sollte mir vergönnt sein.« Doch eine Woche später wurde er sich des Ernstes seiner Krankheit bewusst: »Ich habe als Philosoph gelebt und will als Philosoph sterben.«

Kurz vor seinem Ende, am 27. April, erwachte Husserl wie aus einem tiefen Schlaf, mit einem glücklichen Ausdruck auf dem Gesicht und mit geweiteten Augen sprach er zu seiner Frau: »Ich habe etwas ganz Wunderbares gesehen. Nein, ich kann es dir nicht sagen. Nein.«

Karl Jaspers hatte ein nüchternes Verhältnis zum Tod. Er verabschiedete sich von einem Freund schnörkellos: »Nun, wir sehen uns wohl nicht mehr.«

Kurz vor seinem Ende legte **Jaspers** die *Kritik der reinen Vernunft* zur Seite und sagte: »Wer erst einmal verstanden hat, was Kant über Raum und Zeit sagt, der hat keine Angst mehr vor dem Tod.«

Wenige Tage, bevor **Jaspers** starb, wurde er gefragt, ob man im Falle seines Todes irgendwelche Anordnungen treffen solle. Jaspers reagierte amüsiert: »Tut mit mir, was ihr wollt, nur verwechselt nicht die Leiche mit mir.«

Entkräftet von den vielen Schreibarbeiten, starb **Ernst Bloch** 92-jährig vor seinem Manuskriptschrank. Seine letzten Worte waren: »Ich kann nicht mehr.«

Wittgensteins Vater starb an Krebs. Er schlief friedlich ein. Wittgenstein kommentierte: »Dieser Tod war sein ganzes Leben wert!«

1949 wurde Prostatakrebs bei **Wittgenstein** diagnostiziert. Strahlen- und Hormontherapie, die über 14 Monate angewandt wurden, blieben erfolglos. Der Arzt sagte ihm, dass er nur noch wenige Monate leben werde. Darüber freute er sich: »Jetzt werde ich arbeiten wie noch nie.«

Wittgenstein nahm das Angebot an, zum Sterben zu Dr. Bevan zu ziehen. Als er sich am Bahnhof von Drury verabschiedete, sagte der Philosoph zu ihm: »Egal, was mit dir passiert, höre nie auf zu denken.«

Kurz vor seinem Tod feierte **Wittgenstein** noch seinen 62. Geburtstag. Frau Bevan schenkte ihm eine Heizdecke und gratulierte ihm. »Es gibt nichts mehr zu gratulieren«, entgegnete der Philosoph sachlich.

Wittgenstein starb 1951. Nur ein paar Freunde waren anwesend. Seine letzten Worte, bevor er ins Koma fiel, sprach er zu Frau Bevan. Sie lauteten: »Sagen Sie ihnen, ich hätte ein schönes Leben gehabt.«

Während seiner Chinareise erkrankte **Bertrand Russell** an einer Lungenentzündung. Die ersten Gerüchte, er wäre gestorben, kursierten bereits. Später erzählte Russell: »Mir wurde mitgeteilt, dass die Chinesen glaubten, ich wäre tot und wollten mir an einem schönen See einen Schrein bauen. Ich bedauere, dass dies nicht geschehen ist. Als Atheist ein Gott zu werden wäre unerhört reizvoll.«

Albert Camus' Wagen, den sein Freund Michel Gallimard steuerte, kam von der regennassen Landstraße ab. Das Auto fuhr in eine Platane und dann in noch eine. Der Kopf des Philosophen wurde so hin und her geschleudert, dass er sich das Genick brach und sein Schädel am Wagenfenster zertrümmert wurde. Warum der eigentlich langsam fahrende Gallimard die Kontrolle verlor, ist heute noch unklar.

Jean-Baptiste Sartre, der Vater des Philosophen, starb 1906, als **Sartre** erst ein Jahr alt war. Sartre sagte darüber: »Der frühe Tod meines Vaters war ein Glücksfall, das hat mir die Mühe erspart, ihn zu vergessen.«

Sartres Engagement gegen den Krieg blieb nicht ohne Gegenreaktion. Im Jahre 1960 defilierten 5000 Kriegsveteranen die Champs-Elysées hinab und riefen: »Tötet Sartre!« Zwei Jahre später, im Januar 1962, explodierte eine Bombe über der Wohnung Sartres. Der Philosoph war glücklicherweise nicht zu Hause.

Als **Sartre** vom Tod seines ehemaligen Kollegen Camus erfuhr, zuckte er nur mit den Achseln: »Er hat mir nichts bedeutet.«

Gegen Ende seines Lebens musste **Sartre** große Schmerzen ertragen. Lakonisch fasste er seine Situation zusammen: »Es ist normal, dass man nach und nach kaputt geht.«

»Ich liebe Sie, mein kleiner Biber« – dies waren **Sartres** letzte Worte an die Beauvoir auf dem Sterbebett. Zeitlebens hatte Sartre seine Geliebte gesiezt, nicht einmal am Ende machte er eine Ausnahme.

Hätte **Theodor W. Adorno** nicht versucht, trotz der Warnungen seines Herzarztes Dr. Sprado, einen 3000 m hohen Berg zu Fuß zu besteigen, hätte er womöglich keine Herzbeschwerden bekommen, die dem 66-jährigen einen Tag später den Tod brachten.

Während seines Lebens versuchte sich **Michel Foucault** mehrmals umzubringen. Er begründete seine Versuche: »Selbstmord ist der schlichteste aller Genüsse. Wenn ich 1 000 000 Franc gewinnen würde, würde ich eine Selbstmordklinik eröffnen.«

Bei einem Spaziergang wurde **Foucault** von einem Wagen angefahren und dachte, er sei tödlich verletzt worden. In dem Moment, als er zu Boden fiel, bemerkte er, wie wunderbar das Wetter war, der herrliche Sommerabend und die untergehende Sonne. Dabei bekam er richtig Lust zu sterben: »Dies ist immer noch eine meiner schönsten Erinnerungen«, äußerte Foucault später.

Foucault infizierte sich zu einem Zeitpunkt mit AIDS, da die Krankheit noch fast nicht bekannt war und als eine Art »Schwulenkrebs« durch die Medien ging. Der Arzt, der Foucault seine Erkrankung mitteilte, wollte ihm seine Diagnose erläutern. Foucault unterbrach scharf mit einer einzigen Frage: »Wie lange?«

Jacques Derrida besuchte einmal ein philosophisches Symposion über seine Person. Tapfer hörte er sich alle

Vorträge an. Dann ergriff er das Wort und sagte: »Ich habe das Gefühl, ich bin schon tot.«

Als **Derrida** im Alter von 74 Jahren an den Folgen von Bauchspeicheldrüsenkrebs starb, veröffentlichte die *New York Times* einen Artikel mit der Überschrift: »Jacques Derrida, abstruser Denker, stirbt im Alter von 74.«

Einen erstaunlichen Beweis dafür, dass es in der Philosophie keine Gewissheiten gibt, lieferte die London *Times* mit der Überschrift eines Artikels zum Hinscheiden von **Derrida**: »Ist Derrida tot?«

A. J. Ayer erlitt einen Schlaganfall und lag einige Tage im Koma. Entgegen den Voraussagen der Ärzte, erwachte er wieder. Ayer erzählte von einem Fluss der Toten, dem Styx, den er überquert habe. Der Philosoph war äußert populär, seine Geschichte erreichte auch die Presse. Die Schlagzeile darüber in der Boulevardpresse, dem *National Inquirer*, am nächsten Tag lautete: »Unglaublicher Jenseits-Schocker. Mann stirbt und trifft die Herren der Welt.«

Ayer war ein Mensch, der sich nur mit der Philosophie beschäftigen wollte. Als eines Tages ein guter Freund seiner Frau starb, bemerkte sie: »Ist es nicht traurig, wie all unsere Freunde nach und nach gestorben sind?« Ayer überlegte eine Zeitlang, dann sagte er: »Nein, wie?«

Wenige Wochen vor seinem Tod pflegte **Ayer** auf die Frage nach seinem Gesundheitszustand zu antworten: »Hic biscuitus disintegrat.« Übersetzt: »Dieser Keks zerbröselt.«

Nachwort

Wissenschaftliche Literatur hält sich nach Möglichkeit von Anekdoten fern. Es scheint so, als ob der Gegenbegriff zum »anekdotischen Wissen« derjenige der »reinen Fakten« sei. Je weniger anekdotisch, desto seriöser. Die Angst vor dem »bloß Anekdotischen« (Peter Zudeick) grassiert. Die Frage ist also, ob man aus einer Anekdotensammlung etwas Wissenswertes erfährt oder ob alles nur erdichtete Halbwahrheiten sind.

Wenn man die biografische Literatur durchforstet, stößt man immer wieder auf einen festen Topos, der lautet: »Es gibt *zahlreiche ähnliche* Anekdoten über den Philosophen.« Interessanterweise werden dann im günstigsten Falle eine oder zwei von den »zahlreichen« Anekdoten erzählt. Obwohl es angeblich viele Anekdoten gibt, werden immer wieder die gleichen Geschichten kolportiert. Nie liest man: »Es gibt noch zahlreiche ähnliche Fakten.« Fakten ereignen sich nur einmal; eine Anekdote aber ist das Ende und der Höhepunkt einer Reihe von ähnlichen Situationen, etwas Typisches. Die Frage, ob Anekdoten »wahr« oder »falsch« sind, ist eigentlich nicht richtig gestellt. Denn Wahrheit oder Falschheit bezieht sich auf Tatsachen, Anekdoten aber zeigen bestimmte Verhaltensmuster eines Menschen im Speziellen auf (sie erschaffen so beispielsweise den Typ »Sokrates«) oder sie präsentieren das, was man sich unter einem Philosophen im Allgemeinen vorstellt. Die Frage müsste eigentlich lauten: Ist die Anekdote typisch oder untypisch? In beiden Fällen geht es nicht um Individualität in unserem Sinne, sondern um den Philosophen als Muster oder Form.

Anekdoten sind so alt wie die Literatur selbst. Das Wort »Anekdote« nimmt seinen Ursprung in einer so benannten Sammlung des spätantiken Schriftstellers Prokop. Dieser erzählt darin von den alltäglichen Umtrieben am Herrscherhof. So über Könige zu sprechen, war etwas unerhört Verwegenes. Denn eigentlich blieben die Königstaten der »großen« Geschichtsschreibung vorbehalten. Sie berichtet vom heldenhaften Tun des Herrschers, belobhudelt den König und zeigt ihn in seiner Glorie. Die »kleinen« Anekdoten plaudern dagegen allzu Menschliches aus: Dinge, die misslingen, anderes, das gelingt; typische Schwächen und unerwartete Stärken. Die Basis der Anekdote ist die Indiskretion, im negativen Sinne die Lästerei. Die Mitglieder des Herrscherhofes waren den Lesern von Prokop vertraut. Der Punkt war, Geschichten zu erzählen, die auf (längst bekannte) Eigenschaften der Leute anspielten, eben in allem typisch waren.

Prokop steht aber auch nur in einer Tradition, die fast tausend Jahre älter ist als er. Durch sie ist belegt, dass das (alltägliche) Leben und die Anekdote zusammen gehören. Die Geschichte von Thales, der in den Brunnen fällt und von einer thrakischen Magd ausgelacht wird, ist eine Episode, die nur in einer Anekdote stattfinden kann. Das wäre wohl schwerlich der Stoff für eine Tragödie oder ein Epos. Die Anekdote erzählt also vom Leben, aber es ist das Leben besonderer Leute, hier der Philosophen, die etwas anders leben als die »Normalen«. Dazu kommt die nötige Einschränkung, dass in diesen Geschichten nur das »anekdotische Leben« stattfindet. Der Leser kann auf den Alltag der Philosophen sehen, aber dieses anekdotische Leben ist kurz, pointiert, voller Widerworte und Fallschlingen. Die Anekdote hat einen Anfang und ein Ende, das wahre Leben geht aber nach der Schlusspointe weiter. Trotzdem bleibt die zentrale Absicht der Anekdote, »Leben« darzustellen, so wie es gewesen ist oder vielleicht war.

Die Vorstellung, mit Anekdoten »Leben« repräsentieren zu können, blieb lange erhalten. Wer eine Biografie eines Philosophen liest, die vor Ende des 19. Jahrhunderts geschrieben wurde, wird feststellen, dass es sich um nahezu reine Anekdotensammlungen handelt. Gekonnt und weniger gekonnt leiten die Biografen von einer Anekdote zur nächsten über und kaschieren oft nur notdürftig das karge Ausgangsmaterial. Von Diogenes Laertios als einem der ersten, über die mittelalterliche Wunderliteratur zu Thomas von Aquin bis hin zu Rosenkranz' Biografie über Hegel hatte dieses Verfahren Gültigkeit. Auch Heideggers Ausspruch über Aristoteles spiegelt dies wider: »Aristoteles wurde geboren, lebte und starb. Der Rest ist Anekdote.« Bis zum Ende des 19. Jahrhunderts war die Anekdote die passende Darstellungsform des Menschlichen. Der Philosoph wurde als Typ und Sonderling verstanden, aber doch als Mensch mit Schwächen und Bedürfnissen.

Zu Beginn des 20. Jahrhunderts nahm sich die Psychologie von Freud des Menschen an. In gewissem Sinne erzählte Freud eine Reihe von Über-Anekdoten, beispielsweise die vom Ödipus-Komplex, die wegen ihrer Allgemeingültigkeit sämtliche andere Anekdoten überflüssig machte. Die biografische Anekdote verlor dadurch immer mehr an Terrain. Denn nie haben Anekdoten einen psychoanalytischen Blick auf das Leben geworfen. Ebenso hat die zunehmende Verwissenschaftlichung des Menschenbildes, die das Leben als die Summe von einzelnen Fakten versteht, ein Übriges getan. Der eigentliche Ort für diese Art von Biografie ist das Lexikon, in dem Zahl an Zahl und Fakten an Fakten gereiht werden dürfen. Immerhin eine kleine Aufwertung der Anekdote gegenüber den Fakten ist, dass viele Fakten erst ihren Wert erhalten, wenn sie typisch sind. Es mag ein Faktum sein, dass Wittgenstein am 7. März 1950 der Kugelschreiber aus der Hand fiel, aber es bedeutet eben nichts, wenn es nicht typisch ist oder eine allgemeine Wahrheit in Anspruch nimmt.

Was sind Anekdoten also und welche Rechtfertigung hat eine solche Sammlung? Sie sind Scharniere zwischen Schrift und Leben. So repräsentieren sie eine alte, zurückgedrängte (aber nicht obsolete) Form, etwas Wissenswertes über den Menschen auszusagen. Auch heute noch sind Anekdoten beliebt. Durch die Komik und (gelegentlich) die Weisheit, die in ihnen enthalten sind, bleiben sie lebendig. Nicht zuletzt dienen Anekdoten gegenüber der oft schwer verständlichen Theorie als heitere Entlastung: Welcher Schüler sieht nicht gerne seinen Lehrer straucheln? Da, wie erwähnt, vor 1900 das Leben von Philosophen im Wesentlichen nur durch Anekdoten repräsentiert wurde, hat weder die Psychologie noch die Wissenschaft eine andere Möglichkeit, etwas über Platon zu erfahren als Anekdoten zu lesen, zumindest so lange es noch keine

Zeitreisen gibt. Anekdoten sind und bleiben Quellenmaterial ersten Ranges. Näheres, Besseres und Intimeres kann man gar nicht über Aristoteles erfahren, als die Anekdoten über ihn zu studieren. Biografien, psychoanalytische Studien, wissenschaftliche Abhandlungen sind nur verspätete Auseinandersetzungen. Sie kommentieren Anekdoten, können sie aber nicht ersetzen. Die Quellen sind Anekdoten.

Um dem Leser den Zugang zu den Anekdoten zu erleichtern, sind diese Geschichten in mehrere Lebensbereiche eingeteilt, vom Alltag über die Liebe bis hin zum Tod. Bei Sichtung der Quellen habe ich versucht, nicht die gängigen Anekdotensammlungen zu plündern, sondern die jeweils frühesten Berichte über die Philosophen zur Grundlage zu machen. Für die Durchsicht des Manuskripts möchte ich an dieser Stelle insbesondere meiner Frau Uta und Jens Pionczewski danken.

Literaturhinweise

Antike

AELIAN: Historical miscellany. London 1997. – APULEIUS: Opera omnia. Hildesheim 1968. – ARISTOTELES: Complete works. Oxford 1992. – ATHENAEUS: The Deipnosophists. London 1995. – AULUS GELLIUS: The attic nights of Aulus Gellius. London 1982. – BURLEY, WALTER: Liber de Vita et Moribus philosophorum. Tübingen 1986. – CAPELLE, WILHELM: Die Vorsokratiker. Stuttgart 1968. – CASSIUS DIO: Römische Geschichte. München 1985. – EUNAPIUS: Lives of the philosophers. London 1989. – GIANNANTONI, GABRIELE: Socraticorum reliquiae. Rom 1983. – GÖRLITZ, WALTER: Marc Aurel. Stuttgart 1952. – GORMAN, PETER: Pythagoras. A life. London 1979. – HERODOT: Historien. München 1991. – DIOGENES LAERTIOS: Leben und Meinungen berühmter Philosophen. Hamburg 1990. – IAMBLICHOS: Pythagoras. Zürich 1963. – LESKY, ALBIN: Geschichte der griechischen Literatur. München 1993. – LUCIAN: Volume I–VIII. London 1996. – LUCK, GERHARD: Die Weisheit der Hunde. Texte der antiken Kyniker. Stuttgart 1997. – MAGIE, DAVID: The Scriptores historiae augustae. London 2000. – MANSFELD, JAAP: Vorsokratiker. Stuttgart 1986. – MARINOS OF NEAPOLIS: The life of Proclus. Chicago 1977. – MENSCHING, ECKART: Favorin von Arelate. Berlin 1963. – PAUSANIAS: Description of Greece. London 1935. – PHILOSTRATUS: The life of Apollonius of Tyana. London 1989. – PLATON: Sämtliche Werke. Leipzig 1991. – PLUTARCH: Griechische und römische Heldenleben. Wiesbaden 1996. – SUDA: Quelle [Internet:] http://www.stoa.org/sol/. – TACITUS: Annales. Stuttgart 1964. – XENOPHON: Das Gastmahl. Stuttgart 1986. – XENOPHON: Erinnerungen an Sokrates. Stuttgart 1980. – ZELLER, EDUARD: Geschichte der griechischen Philosophie. Stuttgart 1883.

AUGUSTINUS: Bekenntnisse. Stuttgart 1989. – AUGUSTINUS: Ausgewählte Briefe. Leipzig 1966. – AUGUSTINUS: Die Retractionen in zwei Büchern. Paderborn 1976. – BAUDRY, LÉON: Guillaume d'Occam. Paris 1949. – BERNARDUS GUIDONIS: Fontes Vitae S. Thome Aquinatis. Saint-Maxim 1930. – CRAEMER-RUEGENBERG, INGRID: Albertus Magnus. München 1980. – CUTHBERT: Ecclesiastical history of the English people. Bede's letter to Egbert and Cuthberts letter on the death of Bede. London 1990. – DIRRIGL, MICHAEL: Albertus Magnus. Regensburg 1980. – EADMER: Das Leben des hl. Anselm von Canterbury. München 1923. – ENTRICH, MANFRED [Hrsg.]: Albertus Magnus. Graz 1982. – EUSEBIUS VON CAESAREA: Kirchengeschichte. München 1981. – FLASCH, KURT: Das philosophische Denken im Mittelalter. Stuttgart 1986. – FOX, JOHN: Book of martyrers and the acts and monuments of the church. Kensington 2003. – GERHARD VON FRACHET: Vitae fratrum. Stuttgart 1897. – GILSON, STEFAN: Der Heilige Bonaventura. Hellerau 1929. – GOLDSMID, EDMUND [Hrsg.]: The famous history of Fryer Bacon. Edinburgh 1886. – GRAEF, HILDE / ALTANER, BERTHOLD: Patrology. New York 1960. – GREENE, ROBERT: The honorable history of Friar Bacon. London 1964. – HIERONYMUS: De viris illustribus. Freiburg 1895. – JACOBUS DE VORAGINE: The golden legends. London 1989. – KUPER, MICHAEL: Roger Bacon. Berlin 1996. – LEPPIN, VOLKER: Wilhelm von Ockham. Darmstadt 2003. – MEFFERT, EKKEHARD: Nikolaus von Kues. Stuttgart 1982. – NIGG, WALTER [Hrsg.]: Das Leben des seligen Raimund Lull. Düsseldorf 1964. – PAULINUS: Libellus de vita S. Ambrosii. Tübingen 1857. – PETRUS ABELARDUS: Historia calamitatem meum. Berlin 2002. – PIEPER, JOSEF: Scholastik. Gestalten, Probleme der mittelalterlichen Literatur. München 1960. – PIEPER, JOSEF: Thomas von Aquin. München 1996. – POSSIDIUS: Das Leben des heiligen Kirchenvaters Augustinus. Berlin 1930. – PROCOPIUS: History of the Wars. London 1992. – SCHAFF, PHILIPP: Geschichte der alten Kirche. Leipzig 1869. – SCHMITT, FRANCISCUS SALESIUS [Hrsg.]: S. Anselmi. Opera

Omnia. Stuttgart 1984. – SCHÖPPNER, ALEXANDER [Hrsg.]: Bayrische Sagen. Augsburg 1990. – SOZOMENUS: Kirchengeschichte. Berlin 1995. – TORRELL, JEAN-PIERRE: Magister Thomas. Leben und Werk des Thomas von Aquin. Freiburg 1995. – WEHR, GERHARD: Meister Eckhart. Hamburg 1991. – WILHELM VON TOCCO: Das Leben des heiligen Thomas von Aquino. Düsseldorf 1965.

Neuzeit

ANDERS, GÜNTHER: Über Heidegger. München 2001. – ATTALI, JACQUES: Blaise Pascal ou le génie francais. Paris 2000. – AUBREY, JOHN: Brief lives. Michigan 1957. – BAILLET, ADRIEN: La vie de Descartes. Hildesheim 1972. – BARTLEY, WILLIAM WARREN: Wittgenstein. Lippincott 1973. – BAYLE, PIERRE: Historisches und kritisches Wörterbuch. Hamburg 2003. – BIEDERMANN, GEORG: Ludwig Feuerbach. Leipzig 1986. – BLUMENBERG, WERNER: Marx. Hamburg 1962. – BOROWSKI, L. E. / JACHMANN, R. B. / WASIANSKI, A. CH.: Immanuel Kant. Sein Leben in Darstellungen von Zeitgenossen. Darmstadt 1980. – BOURNE, H. R. F.: The life of John Locke. Aalen 1969. – CAIRD, EDWARD: Hegel. New York 1972. – CLARK, RONALD W.: The life of Bertrand Russell. London 1975. – CLAUSEN, DETLEF: Theodor W. Adorno. Ein letztes Genie. Frankfurt a.M. 2003. – COHN, PAUL: Um Nietzsches Untergang. Hannover 1931. – COLERUS, JOHANNES: Spinoza. Heidelberg 1952. – COLLI, GIORGIO [Hrsg.]: Friedrich Nietzsche. Sämtliche Briefe in 8 Bänden. München 1986. – CRANSTON, MAURICE: Jean-Jacques. The early life and work of Jean-Jacques Rousseau. Chicago 1982. – DEUSSEN, PAUL: Mein Leben. Leipzig 1922. – DYKHUIZEN, GEORGE: The life and mind of John Dewey. London 1973. – EBERHARD, J. A. / ECKHART, J. G.: Leibniz Biographien. Hildesheim 2003. – ERIBON, DIDIER: Michel Foucault. Eine Biographie. Frankfurt a.M. 1991. – FARRER, JAMES ANSON: Adam Smith. London 1881. – FEINSTEIN, HOWARD M.: Becoming William James. London 1984. – FICHTE, IMMANUEL HERMANN: Johann Gottlieb Fichte's Leben und literarischer Briefwechsel. Leipzig 1862. – Förster-Nietzsche, Elisabeth: Das Leben Friedrich Nietzsche's. Leipzig 1895. – Förster-Nietzsche, Elisabeth: Friedrich Nietzsche und die Frauen seiner Zeit. München 1935. – Förster-Nietzsche, Elisabeth: Wagner und Nietzsche zur Zeit ihrer Freundschaft. München 1915. – Gadamer, Hans-Georg: Philosophische Lehrjahre. Frankfurt a.M. 1977. – Garff, Joakim: Sören Kierkegaard. München 2004. – Gallwitz, Hans: Friedrich Nietzsche. Ein Lebensbild. Leipzig 1898. – Geier, Manfred: Karl Popper. Hamburg 1994. – Geismar, Eduard: Sören Kierkegaard. Göttingen 1929. – Gouhier, Henri: La vie d'Auguste Comte. Paris 1931. – Greig, J. Y. [Hrsg.]: David Hume. The letters. Oxford [o.J.] – Gwinner, Wilhelm: Arthur Schopenhauer aus persönlichem Umgang dargestellt. Leipzig 1922. – Hanny, Alastair: Kierkegaard. A biography. Cambridge 2001. – Hayman, Ronald: Jean-Paul Sartre. Leben und Werk. München 1988. – Heschel, Abraham Joshua: Maimonides. Neukirchen-Vluyn 1992. – Hill, G. Birkbeck [Hrsg.]: Letters of David Hume to William Strahan. Oxford 1888. – Hoffmann, Franz [Hrsg.]: Franz Xaver von Baader. Biographie und Briefwechsel. Aalen 1946. – Holmsten, Georg: Jean Jacques Rousseau. Hamburg 1972. – Hume, David: Account of the controversy between Hume and Rousseau. London 1753. – Ingersoll, Robert Green: The great infidels. Austin 1990. – Jacobs, Wilhelm G.: Johann Gottlieb Fichte. Hamburg 1984. – Jaspers, Karl: Heidelberger Erinnerungen. Heidelberg 1961. – Jaspers, Karl: Notizen zu Heidegger. München 1978. – Jaspers, Karl: Philosophische Autobiographie. München 1963. – Juppé, Alain: Montesquieu. Le moderne. Paris 1999. – Kierkegaard, Sören: Gesammelte Werke. Düsseldorf 1950. – Kirsch, Hans-Christian: Martin Buber. Freiburg 2001. – Kraus, Oskar: Franz Brentano. Zur Kenntnis seines Lebens und seiner Lehre. München 1919. – Kreiser, Lothar: Gottlob Frege. Leben – Werk – Zeit. Hamburg 2001. – Lorenz, Konrad: Eigentlich wollte ich Wildgans werden. München 2003. – Malcolm, Norman: Erinnerungen an Wittgenstein. Frankfurt a.M. 1987. – Mahr, Peter [Hrsg.]: Erinnerung an

Moritz Schlick. Wien 1996. – MAUROIS, ANDRÉ: Voltaire. Paris 1948. – MCGUINESS, BRIAN: Wittgenstein. A life. London 1988. – MEHRING, FRANZ: Karl Marx. Geschichte seines Lebens. Berlin 1960. – MILL, JOHN STUART: Autobiography. London 1963. – MILLER, JAMES: Die Leidenschaft des Foucault. Köln 1993. – MONK, RAY: Bertrand Russell: The ghost of madness. London 2000. – MONK, RAY: Bertrand Russell. The spirit of solitude. London 1996. – MONK, RAY: Ludwig Wittgenstein. Das Handwerk des Genies. Stuttgart 1992. – MONTAIGNE, MICHEL DE: Essais. Zürich 1992. – MONTESQUIEU: Vom glücklichen und weisen Leben. Zürich 1990. – MÜLLER-DOOHM, STEFAN: Adorno. Eine Biographie. Frankfurt a.M. 2003. – NESKE, GÜNTHER [Hrsg.]: Erinnerung an Martin Heidegger. Pfullingen 1977. – ORIEUX, JEAN: Das Leben von Voltaire. Frankfurt a.M. 1968. – OTT, HUGO: Martin Heidegger. Unterwegs zu seiner Biographie. Frankfurt a.M. 1992. – PÉRIER, GILBERTE: Vie de Blaise Pascal. Stuttgart 1929. – PINKARD, TERRY: Hegel. A biography. Cambridge 2000. – PIPER, KARL [Hrsg.]: Erinnerungen an Karl Jaspers. Zürich 1974. – PLESSNER, MONIKA: Die Argonauten auf Long Island. Begegnungen mit Hannah Arendt, Adorno und anderen. Berlin 1995. – POPPER, KARL: Ausgangspunkte. Hamburg 1979. – RAE, JOHN: Life of Adam Smith. London 1895. – RHEES, RUSH [Hrsg.]: Recollection of Wittgenstein. Oxford 1984. – ROGERS, BEN: A. J. Ayer. A life. London 1999. – ROSENKRANZ, KARL: Georg Wilhelm Friedrich Hegel's Leben. Berlin 1844. – ROUSSEAU, JEAN JACQUES. Bekenntnisse. Frankfurt a.M. 1985. – SAFRANSKI, RÜDIGER: Schopenhauer. Frankfurt a.M. 1989. – SCHUHMANN, KARL: Husserl-Chronik. Den Haag 1977. – SCHWEIZER, FRANK: Wie Philosophen sterben. München 2003. – SEEBERGER, KURT: Rousseau. Der Weg zum Ruhm. München 1978. – SPECHT, RAINER: Descartes. Hamburg 1989. – STEKLOW, GEORG: Michael Bakunin. Stuttgart 1913. – STEWART, DUGALD: Account of the life and writings of Adam Smith. Hildesheim 1982. – STOCK, JOSEPH: An account of the life of George Berkeley, D. D. Late Bishop of Cloyne in Ireland. London 1776. – STREMINGER, GERHARD: Hume. Hamburg 1986. – THIES, ERICH: Ludwig Feuerbach. Heidelberg 1990. – THOMÄ, DIETER [Hrsg.]: Heidegger-Handbuch. Stuttgart 2003. – TILLIETTE, XAVIER: Schelling. Stuttgart 2004. – TILLIETTE, XAVIER: Schelling im Spiegel seiner Zeitgenossen. Torino 1974. – TODD, OLIVIER: Albert Camus. Une vie. Paris 1996. – ULBRICH, HANS / WOLFRAM, MICHAEL: Giordano Bruno. Würzburg 1994. – WHEEN, FRANCIS: Karl Marx. München 2001. – WIGGERSHAUS, ROLF: Jürgen Habermas. Hamburg 2004. – WINIGER, JOSEF: Ludwig Feuerbach. Denker der Menschlichkeit. Berlin 2004. – WITTGENSTEIN, LUDWIG: Werkausgabe in 8 Bänden. Frankfurt a.M. 1984. – WOLF, A. [Hrsg.]: The oldest biography of Spinoza. Bristol 1992. – ZUDEICK, PETER: Der Hintern des Teufels. Ernst Bloch – Leben und Werk. Baden-Baden 1987.

Personenregister